명문동양학신서 ㉔

佛教聖典

부처님의 말씀

Sutta-nipāta

明文堂

추천사 推薦辭

　불교佛教는 팔만장경八萬藏經이라는 방대尨大한 경전經典을 가지고 있으면서도 아직 현대화現代化된 역경譯經의 관문關門을 통과하지 못한 관계로, 지금껏 그 내용이 난해難解하여 이해하기 어려운 숙제로 남아 있음은 누구나 주지周知하는 일이나, 실로 무진장한 불교의 교리教理를 대중화하기 위한 현대 불교의 창설創設은 오늘날 얼마나 긴요한지 모른다.

　대저 불교는 과거에 소급遡及되지 않으며 함부로 미래를 관망觀望하지 않고, 오직 현실을 절대시하여 오늘의 자신을 깨닫는 것만을 목적으로 하기 때문에, 여기 오늘에 적합한 이해와 깨달음이 절실히 요구되며, 이러한 목적을 위한 불사佛事가 크게 요청되는 차제此際,

불교문화예술원佛敎文化藝術院에서는 이러한 취의趣意
를 살려, 이 「슷타니파-타」를 알기 쉬운 우리말로 역
출譯出하기에 이르렀음은 그 의의意義가 자못 크다고
보지 않을 수 없어, 불자佛子의 한 사람으로서 천사薦
辭의 앞자리를 사양치 않는 바이다.

　아무쪼록 이 「부처님의 말씀」을 누구나 깊이 이해
하고 체득하여 진정으로 보람 있는 해탈의 길이 열려
지기를 아울러 바라는 바이다.

1964년 1월 1일

大韓佛敎曹溪宗 宗會議長 李 靑 潭

머리말

　이 성경聖經은 원제元題(Sutta-nipāta)를 역한 것으로, 이는 곧 부처님이 말씀하신 경經(숫타)의 집성集成(니파-타)을 의미하는 것이다.

　그런데 이 「숫타니파-타」는 여태까지 전해지고 있는 모든 불경佛經 중에서 가장 오래된 경전經典이며, 우리가 부처님의 가장 가까운 가르침을 들을 수 있다는 것은 무엇보다도 반가운 일이라고 하겠다.

　원래 〈고-다마 붓다〉의 설법 체제가 운문韻文의 시기, 경전의 초창기, 삼장三藏의 성립, 파리어 삼장三藏, 대승경전大乘經典 성립 등 여섯 단계로 나눌 수 있는데, 이 「숫타니파-타」의 시구詩句는 산문이 시작된 아사가 왕시대(B.C. 268-232) 이전의 운문 시대 이상으로 오래되었다고 추산하고 있는 고전古典 중의 고전古典이다.

때문에 이 불경은 어느 경전보다 부처님의 뜻을 가장 정확히 기록하고 있는 것으로 보인다. 더구나 이 책의 제4장과 제5장은 이 중에서도 더욱 오래된 내용으로 되어 있으며, 이것만으로도 간명하고 소박한 초기 불교의 면모를 엿볼 수 있는 것이다.

역사는 발전되지만, 인간의 순박성은 상실되어 가고 있다. 오늘날 불경은 더욱 복잡 미묘하게 되고, 그 내용은 날로 어려워져 사장死藏되고 있는 경향이 농후한 작금昨今, 본 예술원藝術院에서는 때늦은 감은 있으나, 이제라도 이를 대중화 하기 위하여 이 현대판 불교

성경의 번역에 착수한 것이다.

　이 성경聖經 내용은 거의 시적詩的이며 평이한 대화체로 알기 쉽게 엮어져 있다. 따라서 이 책이 한국 불교의 대중화에 도움이 되기를 부처님 앞에 기원하는 마음을 감출 길이 없으며, 끝으로 이 책을 내기까지 여러모로 힘이 되어주신 서경보徐京保 박사님과, 역경譯經에 누구보다도 애쓰신 최현崔鉉 선생님에게 심심한 사의를 표하고 싶다.

서기 1964년 1월 1일

佛教文化藝術院 常務理事

文學評論家　金 雲 學

{차례}

| 제3장 | **대장大章**

| 제5장 | **피안彼岸에 이르는 길**

제1장

배
암
의 　장
　　章

1. 배암

(1) 배암의 독이 몸에 퍼지는 것을 약으로 제지制
止하듯이, 분노가 치민 것을 억제하는 수행자修行者
는, 이 세상과 저 세상[1]을 다 함께 버리나니, 이는 마
치 배암이 낡은 껍질을 벗어버리는 것과 같느니라.

(2) 연못에서 자라는 연꽃을 물속에 들어가 꺾어
버리듯이, 애욕을 모조리 버린 수행자는, 이 세상과
저 세상을 다 함께 버리나니, 이는 마치 배암이 낡은
껍질을 벗어버리는 것과 같느니라.

(3) 흘러넘치는 애착愛着의 물결을 남김 없이 매
마르게 하는 수행자는, 이 세상과 저 세상을 다 함께

---

1 이 세상과 저 세상 : 이것은 여러 가지로 해석되는 데 주로
차안此岸, 즉 하계下界를 의미한다.

버리나니, 이는 마치 배암이 낡은 껍질을 벗어버리는 것과 같느니라.

(4) 사나운 물결이 연약한 갈대밭의 뚝을 허물어버리듯이, 교만驕慢을 남김없이 씻어버리는 수행자는, 이 세상과 저 세상을 다 함께 버리나니, 이는 마치 배암이 낡은 껍질을 벗어버리는 것과 같느니라.

(5) 무화과無花果의 나무가 우거진 숲속에서 꽃을 구하지 않는 것처럼, 온갖 존재 속에서 견고한 것[2]을 찾지 않는 수행자는, 이 세상과 저 세상을 다 함께 버리나니, 이는 마치 배암이 낡은 껍질을 벗어버리는 것과 같느니라.

(6) 마음속에 노여움을 모르고, 이 세상의 흥망興亡을 초월한 수행자는, 이 세상과 저 세상을 다 함께 버리나니, 이는 마치 배암이 낡은 껍질을 벗어버리는 것과 같느니라.

(7) 상념想念을 남김 없이 불살라버리고, 마음이 단정한 수행자는, 이 세상과 저 세상을 다 함께 버리

---

2 상주성常住性 또는 본성本性.

나니, 이는 마치 배암이 낡은 껍질을 벗어버리는 것과 같느니라.

(8) 너무 빨리 달려가지도 않고 뒤늦는 일도 없이, 망령된 생각들을 모조리 초월한 수행자는, 이 세상과 저 세상을 다 함께 버리나니, 이는 마치 배암이 낡은 껍질을 벗어버리는 것과 같느니라.

(9) 너무 빨리 달려가지도 않고 뒤늦는 일도 없이, 이 세상의 온갖 것이 허망함을 알고 있는 수행자는, 이 세상과 저 세상을 다 함께 버리나니, 이는 마치 배암이 낡은 껍질을 벗어버리는 것과 같느니라.

(10) 너무 빨리 달려가지도 않고 뒤늦는 일도 없이, 온갖 것이 허망함을 알고 탐욕에서 떠난 수행자는, 이 세상과 저 세상을 다 함께 버리나니, 이는 마치 배암이 낡은 껍질을 벗어버리는 것과 같느니라.

(11) 너무 빨리 달려가지도 않고 뒤늦는 일도 없이, 애욕에서 떠난 수행자는, 이 세상과 저 세상을 다 함께 버리나니, 이는 마치 배암이 낡은 껍질을 벗어버리는 것과 같느니라.

(12) 너무 빨리 달려가지도 않고 뒤늦는 일도 없

이, 증오憎惡에서 떠난 수행자는, 이 세상과 저 세상을 다 함께 버리나니, 이는 마치 배암이 낡은 껍질을 벗어버리는 것과 같느니라.

(13) 너무 빨리 달려가지도 않고 뒤늦는 일도 없이, 미망迷妄에서 떠난 수행자는, 이 세상과 저 세상을 다 함께 버리나니, 이는 마치 배암이 낡은 껍질을 벗어버리는 것과 같느니라.

(14) 나쁜 습성이 조금도 없고 악의 뿌리를 빼어버린 수행자는, 이 세상과 저 세상을 다 함께 버리나니, 이는 마치 배암이 낡은 껍질을 벗어버리는 것과 같느니라.

(15) 이 세상에 돌아오는 인연이 되는 번뇌의 산물産物을 조금도 갖지 않은 수행자는, 이 세상과 저 세상을 다 함께 버리나니, 이는 마치 배암이 낡은 껍질을 벗어버리는 것과 같느니라.

(16) 사람을 삶(生存)에 매어두는 원인이 되는 애착을 조금도 갖지 않은 수행자는, 이 세상과 저 세상을 다 함께 버리나니, 이는 마치 배암이 낡은 껍질을 벗어버리는 것과 같느니라.

(17) 오개五蓋³를 버려 고민을 모르고, 의혹을 초월하여 괴로움이 없는 수행자는, 이 세상과 저 세상을 다 함께 버리나니, 이는 마치 배암이 낡은 껍질을 벗어버리는 것과 같느니라.

---

3 오개五蓋 : ① 탐욕, ② 분노, ③ 마음이 굳어버리는 것, ④ 마음을 진정치 못하는 것, ⑤ 의혹.

2. 다니야

(1) 소를 기르는 〈다니야〉가 가로되, 「나는 벌써 밥을 짓고 젖을 다 짰노라. 「마히」강 기슭에 나는 처자와 더불어 살고 있는데, 내 초옥은 지붕이 덮여 있고, 불이 켜 있으니 신神이여, 만일 비를 내리고 싶거든 내리게 하소서.」

(2) 부처님이 가라사대, 「나는 노여움을 모르며, 마음의 어둠에서 벗어나, 「마히」강 기슭에 하룻밤을 묵었노라. 내 초옥은 무너지고 탐욕의 불은 꺼졌으니 신이여, 만일 비를 내리고 싶거든 내리게 하소서.」

(3) 소를 기르는 〈다니야〉가 가로되, 「모기도 쇠파리도 없이 소들은 연못가에 우거진 풀을 뜯고 걸

어다니며, 비가 쏟아져 내려도 그들은 참고 견딜지니 신이여, 만일 비를 내리고 싶거든 내리게 하소서.」

(4) 부처님이 가라사대,「내 뗏목은 이미 잘 엮어져 사나운 물결을 극복하여 저쪽 기슭에 이르렀는지라, 뗏목은 필요 없으니 신이여, 만일 비를 내리고 싶거든 내리게 하소서.」

(5) 소를 기르는 〈다니야〉가 가로되,「내 아내는 유순하고 음탕하지 않노라. 오래 함께 살아왔지만, 마음에 거슬리는 일이 없노라. 그녀에게 악한 점이 있음을 찾아본 적이 없으니, 신이여, 만일 비를 내리고 싶거든 내리게 하소서.」

(6) 부처님이 가라사대,「내 마음은 한없이 유순하며 진작 해탈하였노라. 오랫동안 수양을 쌓아왔음으로 나에게는 악이 없으니 신이여, 만일 비를 내리고 싶거든 내리게 하소서.」

(7) 소를 기르는 〈다니야〉가 가로되,「나는 스스로 내 먹을 것을 만들며, 내 자식들은 모두 건강하노라. 그들에게 악한 점이 있음을 찾아본 적이 없으니

신이여, 만일 비를 내리고 싶거든 내리게 하소서.」

(8) 부처님이 가라사대, 「나는 아무에게도 고용되어 있지 않으며, 스스로 얻은 것으로 살며 온 세상을 걸어 가노라. 남에게 고용될 필요가 없으니 신이여, 만일 비를 내리고 싶거든 내리게 하소서.」

(9) 소를 기르는 〈다니야〉가 가로되, 「아직 길들지 않은 송아지도 있고, 젖을 먹는 송아지도 있으며, 새끼를 가진 암소도 있고, 교미를 원하는 암소도 있으며, 또 그 암소의 임자인 황소도 있으니 신이여, 만일 비를 내리고 싶거든 내리게 하소서.」

(10) 부처님이 가라사대, 「아직 길들지 않은 송아지도 없고, 젖을 먹는 송아지도 없으며, 새끼를 가진 암소도 없고, 교미를 원하는 암소도 없으며, 이 암소의 임자인 황소도 여기에는 없으니 신이여, 만일 비를 내리고 싶거든 내리게 하소서.」

(11) 소를 기르는 〈다니야〉가 가로되, 「소를 매어 둘 말뚝은 단단히 박혀있어 흔들리지 않으며, 문쟈 풀(草)로 만든 새로운 고삐는 잘 다듬어져 있으므로, 송아지가 끊을 수 없을 터이니 신이여, 만일 비를 내

리고 싶거든 내리게 하소서.」

(12) 부처님이 가라사대, 「황소처럼 동여맨 밧줄을 끊으며, 코끼리처럼 냄새를 풍기는 풀넝쿨을 짓밟고, 나는 벌써 모태母胎 속으로 들어갈 수 없을 터이니 신이여, 만일 비를 내리고 싶거든 내리게 하소서.」

(13) 별안간 큰 구름이 비를 내리고 처진 땅과 언덕을 메우니, 신이 비를 내리는 소리를 듣고 〈다니야〉가 다음과 같이 아뢰더라.

「저희는 부처님을 찾아보고 얻은 바가 실로 컸나이다. 눈을 가지신 이여,[4] 저희는 부처님에게 귀의歸依하나니, 부처님께서는 저희의 스승이 되어주소서. 위대하신 성자여, 아내와 저는 다 함께 순종하여 복된 부처님의 곁에서 깨끗한 마음과 올바른 행실을 닦으리니, 삶과 죽음의 피안에 이르러, 괴로움을 멸하게 될줄 믿나이다.」

(14) 악마 〈파-피만〉이 이르되, 「자녀가 있는 자

---

4 대체로 불타의 이명異名으로 해석된다.

는 자녀로 하여 즐거움을 얻고, 소 있는 자는 소로 하여 즐거움을 얻으며, 인간이 사물에 집착하는 것은 즐거움이니, 집착할 것이 없는 자는 실로 즐거울 일이 없노라.」

(15) 부처님이 가라사대, 「자녀 있는 자는 자녀로 하여 근심하고, 또 소 있는 자는 소로 인하여 근심하도다. 실로 인간이 집착하는 것은 근심이니, 집착할 것이 없는 사람은 근심할 일이 없노라.」

3. 물소의 뿔

(1) 모든 중생에 대하여 폭력을 쓰지 않고, 모든 중생의 어느 하나도 괴롭히지 말라. 또 자녀를 두려고 원치 말라, 하물며 친구이랴. 뿔 달린 물소처럼 오직 혼자서 걸어가라.

(2) 서로 사귄 자에게는 연정戀情이 발생하며, 이로 인하여 괴로움이 일게 되느니라. 연정에서 우환이 일어남을 보나니, 뿔 달린 물소처럼 오직 혼자서 걸어가라.

(3) 벗과 친구를 측은히 생각하여 마음이 흔들리면, 자기에게 이로움이 없느니라. 친밀함 속에는 이런 우려가 있음을 알고, 뿔 달린 물소처럼 오직 혼자서 걸어가라.

(4) 자식이나 아내에 대한 애착은, 마치 가지가 무성한 대나무가 서로 엉키는 것과 같느니라. 순筍이 한데 달라붙는 일이 없도록, 뿔 달린 물소처럼 오직 혼자서 걸어가라.

(5) 마치 산림 속에서 얽매이지 않은 사슴이 먹이를 구하여 마음대로 돌아다니듯이, 지혜 있는 자는 독립된 자유를 찾아, 뿔 달린 물소처럼 오직 혼자서 걸어가라.

(6) 동반자同伴者와 함께 있으면, 몸을 쉬거나 자리에서 일어서거나, 앞으로 걸어가거나, 여행하는데도 언제나 참견하느니라. 남이 필요 없는 독립된 자유를 찾아, 뿔 달린 물소처럼 오직 혼자서 걸어가라.

(7) 동반자와 함께 있으면, 유희와 환락歡樂이 있고, 더구나 자녀에 대한 애정은 매우 크나니, 사랑하는 자와 헤어지기가 싫더라도, 뿔 달린 물소처럼 오직 혼자서 걸어가라.

(8) 사방 어디서나 남을 해치는 마음을 갖지 말며, 무엇이든 지닌 것으로써 만족하고 온갖 고난을 견디며 두려움을 갖지 말고, 뿔 달린 물소처럼 오직 혼자

서 걸어가라.

(9) 집을 나온 자(出家者)이면서, 여전히 불만을 품고 있는 자가 있도다. 이는 또한 집에 머물러 있는 자(在家者)도 마찬가지거니와 남의 자녀에게 집념執念을 말고, 뿔 달린 물소처럼 오직 혼자서 걸어가라.

(10) 잎이 떨어진 「코-빌라-라」 나무처럼 집에 머물러 있는 자의 표식[5]을 버리고 그 속박을 끊을지니, 용기 있는 자는 오직 혼자서 걸어가라.

(11) 만일 그대가, 현명하고 잘 협조하며 행실이 올바르고 영민한 동반자를 얻게 되면, 모든 재난을 극복하여 기꺼이 마음을 가라앉히고 그와 함께 걸어가라.

(12) 그러나 만일 그대가 현명하고 잘 협조하며 행실이 올바르고 영민한 동반자를 얻지 못하면, 마치 임금이 정복한 나라를 버리는 것과 같이, 뿔 달린 물소처럼 오직 혼자서 걸어가라.

---

5 집에 머물러 있는 자者의 표식標識 : 머리나 수염을 기르고 흰옷을 입으며, 여러 가지 장식품을 갖고 사치스러운 생활을 하며, 처자나 노비가 있음을 말함.

(13) 우리는 실로 친구를 얻는 행운을 찬양하나니, 자기보다 뛰어나거나 혹은 자기와 같은 정도의 친구와 가까이 사귈지니라. 그러나 이런 친구를 얻을 수 없으면, 죄 없는 생활을 즐기며, 뿔 달린 물소처럼 오직 혼자서 걸어가라.

(14) 금세공金細工이 잘 다듬은 번쩍이는 황금 팔찌가, 한쪽 팔에서 서로 부딪치는 것을 보고, 뿔 달린 물소처럼 오직 혼자서 걸어가라.

(15) 이렇게 두 사람이 서로 가까이 있으면 말썽과 갈등이 일어나리라. 앞날에 이런 우려가 있음을 알고, 뿔 달린 물소처럼 오직 혼자서 걸어가라.

(16) 진실로 욕망은 화려하고 감미로우며 유쾌하여 여러모로 마음을 교란攪亂시키나니, 욕망의 대상에는 이런 두려움이 있음을 알고, 뿔 달린 물소처럼 오직 혼자서 걸어가라.

(17) 이는 나에게 재앙이요, 두드러기요, 화근이요, 질병이요, 화살이요, 공포이니, 모든 욕망의 대상에는 이런 두려움이 있음을 알고, 뿔 달린 물소처럼 오직 혼자서 걸어가라.

(18) 추위와 더위, 시장끼와 목마름, 바람과 뜨거운 햇빛, 쇠파리와 배암 ─ 이 모든 것을 극복하고, 뿔 달린 물소처럼 오직 혼자서 걸어가라.

(19) 마치 어깨가 잘 발육되고 반점이 있는 커다란 코끼리가, 그 무리를 떠나서 마음대로 산림山林 속을 돌아다니듯이, 뿔 달린 물소처럼 오직 혼자서 걸어가라.

(20) 모임(集會)을 즐기는 사람에게는 한때의 해탈[6]에 이를 길도 없나니, 태양의 후손인 불타의 말씀을 명심하여, 뿔 달린 물소처럼 오직 혼자서 걸어가라.

(21) 서로 논쟁을 일삼는 철학적 이론을 초월하고 깨달음에 이르는 결론에 도달하여 도를 얻은 자는 지혜를 깨쳤으니, 벌써 다른 것에 이끌릴 필요가 없음을 알고, 뿔 달린 물소처럼 오직 혼자서 걸어가라.

(22) 탐내지 말고 속이지 말며, 목말라하지 말고 남의 덕을 덮어두지 말며, 혼탁混濁과 미망迷妄을 물리치고, 세상에서 일체의 애착을 버린 자가 되어, 뿔

---

6 한때의 해설解說 : 그것을 얻었을 때에만 여러 가지 번뇌에서 해방됨을 말함.

달린 물소처럼 오직 혼자서 걸어가라.

(23) 의義롭지 못한 것을 보고 삐뚤은 길에 사로잡혀 있는 악한 벗을 피할지며, 탐욕에 빠져 게으른 사람과 친하지 말고, 뿔 달린 물소처럼 오직 혼자서 걸어가라.

(24) 앎이 풍부하여 진리를 분간하며, 고매하고 영특한 친구와 사귀도록 하라. 이는 여러 가지로 이로울지니,[7] 의혹에서 떠나, 뿔 달린 물소처럼 오직 혼자서 걸어가라.

(25) 세상의 유희나 오락, 또는 쾌락에 만족을 느끼지 말고, 이에 끌리는 일 없이 겉치레에서 떠나 진실을 말하며, 뿔 달린 물소처럼 오직 혼자서 걸어가라.

(26) 처자나 부모, 친척, 그리고 재화나 곡식, 그 밖의 욕망까지도 모두 버리고, 뿔 달린 물소처럼 오직 혼자서 걸어가라.

(27) 「이것은 집착執着이니, 여기에는 즐거움과

---

7 이로운 것 : 자기의 이利, 남의 이利, 양자兩者의 이利 혹은 현세現世의 이利, 내세來世의 이利, 승의勝義의 이利라는 구별이 있다.

유쾌함이 적은 반면에 괴로움이 많으며, 따라서 이 것은 물고기를 낚는 낚시라.」는 것을 알고 현명한 자는, 뿔 달린 물소처럼 오직 혼자서 걸어가라.

(28) 물속에서 물고기가 그물을 찢듯이, 또 불길이 이미 타버린 곳에 되돌아오지 않는 것과 같이, 모든 번뇌의 매듭을 끊어버리고, 뿔 달린 물소처럼 오직 혼자서 걸어가라.

(29) 우러러 보고, 정처없이 헤매지 말며, 여러 가지 감관感官을 억제하고, 마음을 바로잡아 번뇌가 흘러나오는 일이 없으며, 또 번뇌의 불에 타는 일도 없이, 뿔 달린 물소처럼 오직 혼자서 걸어가라.

(30) 잎사귀가 떨어진 「파 - 리찻타」 나무처럼 집에 머물러 있는 자(在家者)[8]의 여러 가지 표식을 버려야 하며, 집을 나와 법의法衣를 입고, 뿔 달린 물소처럼 오직 혼자서 걸어가라.

(31) 여러 가지 달콤한 맛(味)을 탐내지 말고 욕구欲求하지 말며, 남을 부양扶養하지 말고 문전마다 걸

---

8 주석註釋 5 참조參照.

식乞食하며, 어느 집에도 마음을 두지 말고, 뿔 달린 물소처럼 오직 혼자서 걸어가라.

(32) 마음의 오개五蓋⁹를 부서버리고 모든 번뇌에서 떠나, 의지하지 말며 애욕을 버리고, 뿔 달린 물소처럼 오직 혼자서 걸어가라.

(33) 일찍이 경험한 즐거움과 괴로움, 그리고 기꺼움과 두려움을 버리고 맑고 고요한 마음으로, 뿔 달린 물소처럼 오직 혼자서 걸어가라.

(34) 최고의 목적을 달성하기 위해 힘쓰며, 마음을 늦추지 말고 행동을 게을리 말며, 힘차게 활동하여 체력과 지력智力을 갖추어, 뿔 달린 물소처럼 오

---

9 1. 탐욕개貪欲蓋 : 5욕(재욕財欲 · 색욕色慾(性欲) · 음식욕 · 명예욕 · 수면욕睡眠欲, 또는 색色 · 성聲 · 향香 · 미味 · 촉觸)에 집착함으로 심성을 가리움.

2. 진에개瞋恚蓋 : 성내는 것으로서 심성을 가리움.

3. 수면개睡眠蓋 : 마음이 흐리고 몸이 무거워짐으로 심성을 가리움.

4. 도회개掉悔蓋 : 마음이 흔들리고 근심함으로 심성을 가리움.

5. 의법疑法 : 법에 대하여 결단이 없이 미룸으로써 심성을 가리우는 것.

직 혼자서 걸어가라.

(35) 홀로 앉아 선禪을 저버리는 일이 없이, 모든 행동을 언제나 참된 이치(理法)에 좇아서 하며, 여러 가지 삶에 우환이 있음을 분명히 알고, 뿔 달린 물소처럼 오직 혼자서 걸어가라.

(36) 애착의 소멸을 위해 꾸준히 힘쓰고, 입 다문 벙어리가 아니라 학식이 있으며, 마음을 고정시켜 이법理法을 분명히 알고 스스로 억제하며, 뿔 달린 물소처럼 오직 혼자서 걸어가라.

(37) 큰 고함소리에도 놀라지 않는 사자와 같이, 그물에 걸리지 않는 바람처럼, 물에 더럽히지 않는 연꽃 모양, 뿔 달린 물소처럼 오직 혼자서 걸어가라.

(38) 백수의 왕으로 이빨이 강한 사자가 다른 짐승들을 물리치고 억누르듯이, 변경邊境에서 거주하는 생활에 친숙하고, 뿔 달린 물소처럼 오직 혼자서 걸어가라.

(39) 자비와 평정平靜과 연민, 그리고 해탈과 즐거움을 때에 따라 잘 다스려 세상을 등지는 일이 없이, 뿔 달린 물소처럼 오직 혼자서 걸어가라.

(40) 탐욕과 증오와 미망迷妄을 버리고 집착執着의 매듭을 끊어, 목숨을 잃는 일이 있더라도 두려워하지 말며, 뿔 달린 물소처럼 오직 혼자서 걸어가라.

(41) 사람들은 자기의 이익을 위해 사귀며 또 남을 섬기나니, 오늘날 이익을 구하지 않는 친구는 좀처럼 찾아볼 수 없느니라. 자기 이익만을 아는 사람은 마음이 깨끗하지 못하나니, 뿔 달린 물소처럼 오직 혼자서 걸어가라.

4. 밭을 가는 〈바-라드바-쟈〉

내가 듣건대-언젠가 부처님께서 「마가다」 나라의 남산에 있는 「하나의 지붕」이라는 바라문의 마을에 계셨는데, 그때 밭을 가는 농부인 바라문 〈바-라드바-쟈〉가 씨를 뿌리기 위해 오백 개의 쟁기를 소에게 메웠더라. 그때 부처님께서는 아침 나절에 내의와 중의重衣를 걸치시고 바리때(鉢:승려의 밥그릇)를 갖고 바라문 〈바-라드바-쟈〉가 일하는 곳에 이르니, 마침 그는 먹을 것을 나눠주고 있는지라, 부처님은 거기 가까이 다가가 한켠에 멈춰서신즉, 바라문 〈바-라드바-쟈〉는 음식을 얻기 위해 서 계신 부처님을 보고 가로되,

「세존이시여, 저는 밭을 갈고 씨를 뿌린 뒤에 먹기

로 하였으니, 부처님께서도 밭을 갈고 씨를 뿌린 뒤에 식사하시도록 하소서.」 하니,

부처님이 대답하여 가라사대,

「바라문이여, 나도 밭을 갈고 씨를 뿌리고 나서 먹도록 하리라.」 하시니, 바라문이 가로되,

「그러하오나 부처님께서는 멍에도 쟁기도 쟁깃날도, 고무래도 소도 찾아볼 수 없거늘 어찌《바라문이여, 나도 밭을 갈고 씨를 뿌리고 나서 먹도록 하리라.》고 말씀하시나이까.」

이렇게 말하고 바라문 〈바-라드바-쟈〉는 노래를 지어 부처님에게 다음과 같이 아뢰더라.

(1)「부처님은 스스로 농부라고 말씀하시거니와, 저희는 부처님이 밭을 가는 것을 본 일이 없나이다. 묻노니, 이에 대하여 납득할 수 있도록 말씀해 주소서.」

(2) 부처님이 대답하여 가라사대, 「신앙은 내 씨앗이고, 고행은 비(雨)며, 지혜는 내 멍에와 쟁기고, 참심(慚心 : 풀을 베는 마음)은 쟁깃대며, 의지는 밧줄

이고, 사념思念은 내 쟁깃날과 고무래니라.

(3) 나는 몸을 조심하고, 말을 삼가하며, 음식을 절제하여 과식하는 일이 없나니, 나는 진실眞實을 풀 베듯 하며, 온유함이 내 멍에를 벗어버리는 것[10]을 뜻하나라.

(4) 노력은 내 황소로서, 평안한 곳으로 나를 인도해 주나니, 뒤로 물러서는 일 없이 앞으로 나아가, 거기 이르면 두려움이 없어지느니라.

(5) 이 밭갈이는 이와 같이 이루어져, 단 이슬 같은 과보果報를 가져오나니, 이 밭을 갈면 모든 고뇌로부터 해방되느니라.」하시더라.

그때 바라문 〈바 – 라드바 – 쟈〉는 커다란 청동 바리에 우유죽을 가득 담아 부처님에게 드리며 가로되,

「부처님께서는 단 이슬 같은 과보를 가져오는 밭갈이를 하시는 분이니, 이 우유죽을 두소서.」

---

10 밭 가는 일을 마치고 소의 멍에를 벗기는 것을 의미하리라.

(6) 부처님이 대답하여 가라사대,「시를 읊어서 얻은 것을 내가 먹어서는 안될지니 바라문이여, 이는 깨달은 자들이 하는 도리가 아니니라. 시를 읊어서 얻은 것을 깨달은 자들은 물리치나니 바라문이여, 도리에 따르는 것이 깨달은 자들의 생활방도이니라.

온전한 자인 대선인大仙人, 번뇌의 더러움을 모조리 멸하고 악한 행위가 소멸된 자에 대하여는 다른 음식을 드리도록 하라. 이는 공덕功德을 원하는 자의 복된 터전이기 때문이니라.」하시더라.

「그러면 세존이시여, 이 우유죽을 저는 누구에게 드려야 하나이까?」

「바라문이여, 실로 신들(諸神)과 악마와 범천梵天이 한데 얽힌 세계에서 신들과 인간, 그리고 도를 닦는 자, 또한 바라문을 포함한 생존자들 중에서 온전한 자(如來)와 그의 제자를 제외하고는 이 우유죽을 먹고 능히 소화할 수 있는 자가 없나니, 바라문이여, 그 우유죽을 풀이 많이 나지 않는 데 버리거나, 미물이 없는 물속에 던져버리도록 하라.」

이리하여 바라문 〈바 – 라드바 – 쟈〉는 그 우유죽을 미물이 없는 물속에 던져버리더라. 그런데 그 우유죽을 물속에 던지니, 마치 종일 햇볕에 탄 쟁깃날을 물속에 넣었을 때 칫타칫타하고 소리를 내며 무럭무럭 김이 일어나는 것처럼, 그 우유죽은 칫타칫타하고 소리를 내며 김이 무럭무럭 일게 되매, 바라문 〈바 – 라드바 – 쟈〉는 두려움에 떨며 소름이 끼쳐 부처님에게 가까이 다가가, 그 두 발등에 머리를 숙이고 일렀으되,

「놀라울진저, 세존이시여. 마치 넘어진 자를 일으키듯이, 덮여 있는 것을 열어젖히는 것처럼, 방향을 몰라 헤매는 자에게 길을 가리키는 것과 같이, 혹은 《눈 있는 자들은 색깔을 보리라.》하고 어둠 속에 횃불을 높이 드는 양, 부처님께서는 여러 모로 법法을 분명히 설하셨나이다. 저는 부처님에게 귀의歸依하며, 또 진리와 수행승修行僧들의 모임에 귀의하노니, 부처님의 곁에 출가出家하여 완전한 계율을 받겠나이다.」

그리하여 밭을 가는 바라문 〈바-라드바-쟈〉는 부처님의 곁에 출가하여, 완전한 계율을 받고나서, 이윽고 다른 사람들에게서 멀리 떠나, 마음을 오로지 한 곳으로 가다듬어 나중에 더 없는 청정淸淨[11]의 극치極致─여러 어진 남자들은 이를 얻기 위하여 진정 집을 뛰쳐나와, 집 없는 상태에 이르렀거니와─를 현세現世에서 스스로 깨닫는 동시에, 이를 입증하고 구현具現하여 나날을 보내더라. 「태어나는 일은 끝났도다. 깨끗한 행실은 이미 이루어졌으며, 마땅히 해야 할 일을 다 하였으니, 이제 다시금 이러한 삶을 얻을 수 없도다.」하고 깨닫게 되어, 〈바-라드바-쟈〉 장로長老는 성자의 한 사람이 되었도다.

---

11 청정淸淨 : 전에 저지른 허물이나, 번뇌의 더러움에서 벗어난 깨끗함.

5. 춘다

(1) 대장간의 아들 〈춘다〉가 가로되, 「위대한 지혜를 지닌 성자, 깨달은 자, 진리의 임자, 애착을 떠난 자, 인류 가운데서 가장 높은 자, 뛰어난 인도자에게 묻노니 – 세상에는 어떤 수행자가 있는지 가르쳐주소서.」

(2) 부처님이 대답하여 가라사대, 「〈춘다〉여, 네 종류의 수행자가 있으되, 다섯 종류의 수행자는 없느니라. 지금 묻기에, 이를 분명히 너에게 말하고자 하거니와, 그것은 《도에 의한 승리자》와 《도를 논하는 자》와 《도에 사는 자》, 그리고 《도를 더럽히는 자》이니라.

(3) 〈춘다〉가 가로되, 「깨달은 자들은 누구를 《도

에 의한 승리자》라고 부르며, 또《도를 설득하는 자》
는 어찌하여 다른 사람과 비할 바가 없나이까? 그리
고《도에 의해 산다》는 말을 설명해 주시옵고,《도를
더럽히는 자》를 저에게 분명히 가르쳐주소서.」

(4)「의혹을 초월하고 고뇌를 떠나, 열반涅槃[12]을
즐기며, 탐욕을 버리고 신들(諸神)을 포함한 세계를
인도하는 자를《도에 의한 승리자》라고, 깨달은 자
들은 말하느니라.

(5) 이 세상에서 가장 뛰어난 것을 알고 법을 잘
판별하여 논하며, 의혹을 끊어버리고 마음이 흔들리
지 않는 성자를, 수행자들 사이에서《도를 설득하는
자》라고 부르느니라.

(6) 잘 설득한 법구法句인 도에 살며, 스스로 억제
하고, 뜻하는 바가 깊으며 올바른 말을 따르는 자를,
수행자修行者들 속에서《도에 의해 사는 자》라고 하
느니라.

---

12 열반涅槃 : 모든 번뇌의 속박에서 해탈하고, 진리를 궁구
하여 미迷한 생사를 초월해서 불생불멸不生不滅의 법을
체득한 경지.

(7) 계율을 잘 지키는 자인 체하며, 고집이 세고 가문을 더럽히며, 거만하고 거짓을 일삼으며, 자제심이 없고 말이 많으며, 슬기로운 듯이 행동하는 자는《도를 더럽히는 자》이니라.

(8) 학식이 있고 총명한 재가在家의 성스러운 신도는 그들이 이러함을 알고 또한 그들을 이렇게 간주하더라도, 그 신도의 믿음은 결코 손상되지 않느니라. 이들이 어찌 더러운 것과 더럽지 않은 것, 깨끗한 자와 깨끗지 못한 자를 동등하게 보아서 무방하겠느뇨.」

6. 파멸

내가 듣건대-언젠가 부처님께서 「사-밧티-」의 「제-타」숲속, 고독한 자들에게 음식을 나눠주는 장자長者의 동산에 계실 때, 한 용모가 수려한 신神이 밤중이 지나 「제-타」숲속을 샅샅이 비추며 부처님의 곁에 다가와 배례를 하고, 한켠에 서서 노래를 지어 다음과 같이 아뢰더라.

(1) 「우리는 파멸되는 인간의 일에 대하여 부처님에게 묻고자 하나이다. 파멸에 이르는 문은 무엇인지, 부처님의 견해를 들으려고 여기 왔나이다.」

(2) 부처님께서 대답하여 가라사대, 「번성하는 자를 알아보기는 쉽거니와, 이에 못지 않게 파멸에 이

르는 자를 알아보기도 쉬우니라. 참된 이치를 아끼는 자는 성하고, 이를 혐오하는 자는 패하느니라.」

(3) 잘 알았나이다. 말씀대로 그것이 첫 번째의 파멸이로소이다. 세존이시여, 두 번째 것을 말씀해 주소서, 파멸에 이르는 문은 무엇이옵니까?」

(4) 「선한 사람들을 아끼지 않고, 악한 사람들을 아끼며, 그 버릇을 즐기는 것이 파멸에 이르는 문이니라.」

(5) 「잘 알았나이다. 말씀대로 그것이 두 번째의 파멸이로소이다. 세존이시여, 세 번째 것을 말씀해 주소서. 파멸에 이르는 문은 무엇이옵니까?」

(6) 「잠꾸러기로, 여럿의 모임을 즐기며, 애써 노력하는 일 없이 게으르고, 곧잘 화가 치미는 것을 능사로 삼는 자가 있으니, 이는 파멸에 이르는 문이니라.」

(7) 「잘 알았나이다. 말씀대로 그것이 세 번째의 파멸이로소이다. 세존이시여, 네 번째 것을 말씀해 주소서. 파멸에 이르는 문은 무엇이옵니까?」

(8) 풍족하게 살고 있음에도 불구하고, 늙고 쇠약

한 어머니와 아버지를 부양하지 않는 자가 있으니, 이는 파멸에 이르는 문이니라.」

(9)「잘 알았나이다. 말씀대로 그것이 네 번째의 파멸이로소이다. 세존이시여, 다섯 번째 것을 말씀해 주소서, 파멸에 이르는 문은 무엇이옵니까?」

(10)「바라문[13] 또는 도를 닦는 자, 그 밖에 구걸하는 자를 거짓말로 속인다면, 이는 파멸에 이르는 문이니라.」

(11)「잘 알았나이다. 말씀대로 그것이 다섯 번째의 파멸이로소이다. 세존이시여, 여섯 번째 것을 말씀해 주소서. 파멸에 이르는 문은 무엇이옵니까?」

(12)「재산이 많아 황금과 식량이 넉넉한 자가 좋은 음식을 혼자서 먹으면, 이는 파멸에 이르는 문이니라.」

(13)「잘 알았나이다. 말씀대로 그것이 여섯 번째

---

13 바라문은 바라문교의 사제자司祭者로 베-다 성전聖典을 신봉信奉하는 자者. 도道를 닦는 자者란 그 밖의 수도자로 베-다 성전聖典을 신봉信奉치 않으니, 이는 당시 종교가宗敎家의 2대 전형典型.

의 파멸이로소이다. 세존이시여, 일곱 번째 것을 말씀해 주소서. 파멸에 이르는 문은 무엇이옵니까?」

(14)「혈통을 자랑하고 재산을 자랑하며 가문을 자랑하되, 자기의 친척을 경멸하는 자가 있으니, 이는 파멸에 이르는 문이니라.」

(15)「잘 알았나이다. 말씀대로 그것이 일곱 번째의 파멸이로소이다. 세존이시여, 여덟 번째 것을 말씀해 주소서. 파멸에 이르는 문은 무엇이옵니까?」

(16)「주색에 빠지고 도박을 즐기며, 얻는 대로 번번히 잃어버리는 자가 있으니, 이는 파멸에 이르는 문이니라.」

(17)「잘 알았나이다. 말씀대로 그것이 여덟 번째의 파멸이로소이다. 세존이시여, 아홉 번째 것을 말씀해 주소서. 파멸에 이르는 문은 무엇이옵니까?」

(18)「자기 아내에게 만족하지 못하고, 유녀遊女와 어울리고 남의 아내와 가까이 함은, 파멸에 이르는 문이니라.」

(19)「잘 알았나이다. 말씀대로 그것이 아홉 번째의 파멸이로소이다. 세존이시여, 열 번째의 것을 말

씀해 주소서. 파멸에 이르는 문은 무엇이옵니까?」

(20)「성년기成年期를 지난 사나이가 「틴발」[14]처럼 부풀어오른 유방을 지닌 젊은 여자를 유혹하고, 그녀에의 질투로 하여 밤잠도 자지 않는 것은, 파멸에 이르는 문이니라.」

(21)「잘 알았나이다. 말씀대로 그것이 열 번째의 파멸이로소이다. 세존이시여, 열한 번째 것을 말씀해 주소서. 파멸에 이르는 문은 무엇이옵니까?」

(22)「술과 고기로만 배를 불리고 재물을 낭비하는 여자나 남자에게 가업의 실권을 맡김은, 파멸에 이르는 문이니라.」

(23)「잘 알았나이다. 말씀대로 그것이 열한 번째의 파멸이로소이다. 세존이시여, 열두 번째 것을 말씀해 주소서. 파멸에 이르는 문은 무엇이옵니까?」

(24)「무사武士의 집에 태어난 자가 권세는 적지만 욕심은 커서, 이 세상에서 왕위를 얻으려고 하면, 이는 파멸에 이르는 문이니라.」

---

14 과일 이름.

(25)「이 세상에는 이런 파멸이 있음을 알고, 현자와 성자는 진리를 통찰하여 복된 세계에 이르느니라.」

7. 천한 사람

　내가 듣건대─언젠가 부처님께서 「사─밧티─」의 「제─타」 숲속, 고독한 자들에게 음식을 나눠주는 장자長者의 동산에 계실 때, 부처님께서는 아침나절에 내의와 중의重衣를 걸치시고 바리(鉢)를 들고 시물施物을 얻으러 「사─밧티─」에 이르자, 때마침 불을 섬기는 바라문 〈바─라드바─쟈〉의 거처에 성화聖火가 켜지고 공물供物을 차려놓았더라.

　부처님께서 바리를 들고 「사─밧티─」의 거리를 돌아다니시며 시물施物을 얻어 그의 거처에 가까이 다가가시니, 불을 섬기는 바라문 〈바─라드바─쟈〉가 부처님이 멀리서 오시는 것을 보고 가로되,

　「번들 이마 중이여, 거기 서 있으라. 거짓 도인道

人이여, 거기 서 있으라. 천한 자여, 거기 서 있으라.」
하니, 이 말을 듣고 부처님은 불을 섬기는 바라문 〈바
-라드바-쟈〉에게 가라사대,

「바라문이여, 그대는 대체 천한 자를 알고 있느
뇨? 그리고 인간을 천한 자가 되게 하는 조건을 알고
있느뇨?」

「그대 〈고-타마〉여, 나는 인간을 천한 자가 되게
하는 조건을 모르노라. 바라건대, 내가 인간을 천한
자가 되게 하는 조건이 무엇인지 알 수 있도록 나에
게 설명해 달라.」

「바라문이여, 그러면 내가 이제 설명할터이니, 잘
들어보라.」 하시니,

「어서 말하라.」 하고 불을 섬기는 바라문 〈바-라
드바-쟈〉는 부처님에게 아뢰더라. 이에 부처님이
가라사대,

(1) 「화를 잘 내며, 원한을 품고, 흉악하여 남의 미
덕을 덮어버리며, 그릇된 견해를 갖고 술책을 일삼
는 자-그는 천한 자임을 알라.

(2) 한 번 태어나는 것이나, 두 번 태어나는 것[15]을 막론하고 이 세상에서 생명 있는 것을 해치고, 이에 대하여 측은한 마음을 갖지 않는 자—그는 천한 자임을 알라.

(3) 마을이나 거리를 파괴하고 포위하여, 일반에게 압제자로서 알려진 자—그는 천한 자임을 알라.

(4) 마을에 있거나, 숲속에 있을 때, 남의 소유물을 훔치려는 생각에서 가로채는 자—그는 천한 자임을 알라.

(5) 실제로 부채가 있는데도, 갚아달라는 독촉을 받으면《당신에게 빚진 일이 없노라.》하며, 이를 거부하는 자—그는 천한 자임을 알라.

(6) 얼마 안되는 물건이 탐나 길 가는 자를 살해하고, 그것을 약탈하는 자—그는 천한 자임을 알라.

(7) 증인으로 심문을 받을 때, 자기나 남 또는 재물을 위해 거짓 증언을 하는 자—그는 천한 자임을

---

15 한 번 태어나는 것 : 태생동물胎生動物.
　　두 번 태어나는 것 : 난생동물卵生動物. 한번 알로 태어나고 다시 부화孵化되기 때문이다.

알라.

(8) 폭력을 사용하거나, 혹은 서로 사랑하여 친족이나 친구의 아내를 가까이하는 자 -그는 천한 자임을 알라.

(9) 자기는 재산이 많은데도 노쇠한 부모를 부양하지 않는 자-그는 천한 자임을 알라.

(10) 부모나 형제 또는 자매를 때리거나 욕하는 자-그는 천한 자임을 알라.

(11) 상대방이 자기에게 이로운 것을 물었을 때, 해로운 것을 가르치며, 거짓말을 하는 자-그는 천한 자임을 알라.

(12) 악한 일을 하고서도《내가 한 일을 아무도 몰라주었으면》하고 바라며, 속임수가 있는 자 -그는 천한 자임을 알라.

(13) 남의 집에 가서는 성찬으로 대접을 받으면서, 손님이 왔을 때에는 답례로 후히 접대하지 않는 자-그는 천한 자임을 알라.

(14) 바라문 또는 도를 닦는 자, 그리고 그 밖에 구걸을 하는 자를 거짓말로 속이는 자-그는 천한 자임

을 알라.

(15) 식사할 때가 되었는데, 바라문 또는 도를 닦는 자를 욕하며 음식을 나눠주지 않는 자-그는 천한 자임을 알라.

(16) 이 세상에서 마음이 엇갈리고 사리에 어두워 사소한 것을 탐내며, 거짓말을 하는 자-그는 천한 자임을 알라.

(17) 자기를 자랑하며 남을 경멸하고, 자만심으로 하여 비속하게 된 자-그는 천한 자임을 알라.

(18) 남을 고뇌 속에 몰아넣고, 욕심이 많으며, 인색하고 덕이 없으면서, 존경을 받으려고 하면서도 부끄러운 줄 모르는 자-그는 천한 자임을 알라.

(19) 도를 깨친 자와, 그 제자로 있는 출가자出家者나 재가자在家者를 비난하는 자-그는 천한 자임을 알라.

(20) 실제로 존경받을 만한 자가 못되는데도 존경을 받을만하다고 자부하여, 범천梵天[16]을 포함한 세

---

16 범천梵天 : 범은 맑고 깨끗하단 뜻. 이 하늘은 욕계의 음욕을 여의어서 항상 깨끗하고 조용하므로 범천이라 한다.

계의 도적盜賊인 자, 그이야말로 실은 가장 천한 자이니라. 내가 너에게 말한 이들은 천한 자라고 이르느니라.

(21) 태생에 의해 천한 자가 되는 것이 아니며, 태생에 의해 바라문이 되는 것이 아니라, 행위에 의해 천한 자가 되며, 행위에 의해 바라문이 되느니라.

(22) 나는 다음에 그 실례를 들고자 하나니, 내 이야기를 잘 이해하도록 하라. 「챤다-라」족의 자손이며, 개벽정 〈마-탄〉으로 널리 세상에 알려진 자가 있었나니,

(23) 〈마-탄〉은 실로 좀처럼 얻을 수 없는 가장 높은 명예를 얻게 되매, 많은 왕족들과 바라문들은 그에게 봉사하기 위해 모여들었느니라.

(24) 그는 신들(諸神)의 길[17], 즉 더러운 티끌에서

---

17 신들(諸神)의 길 : 「베-다」에서는 제신諸神이 천계天界로부터 제단祭壇에 내왕來往하는 길을 말하지만 「우파니샫드」에 의하면, 범천梵天의 명지明知를 얻은 개아個我가 신체身體를 떠나 화장火葬의 불길과 함께 상승上昇하여, 범천梵天의 세계에 이르는 것을 뜻함.

떠난 큰길(大道)에 올라, 탐욕을 벗어버리고 범천梵
天의 세계에 이르렀으니, 천한 태생도 그가 범천의
세계에 태어남을 방해하지 않았도다.

(25) 「베-다」[18]를 애송하는 집에 태어나, 「베-다」
의 문구文句에 친숙한 바라문들도 때때로 악한 행위
를 하는 것을 볼 수 있나니,

(26) 그렇게 되면 현세에서는 비난을 사고, 내세
에서는 나쁜 곳[19]에 태어나니라. 신분이 높은 태생도
그들이 나쁜 곳에 태어나거나 비난을 받는 것을 막
을 도리가 없은즉,

(27) 태생으로 천한 자가 되는 것이 아니고, 태생
으로 바라문이 되는 것이 아니며, 행위에 의해 천한
자가 되고, 행위에 의해 바라문이 되느니라.」 하시더
라.

이렇게 설법하였을 때, 불을 섬기는 바라문 〈바-
라드바-쟈〉가 부처님에게 가로되,

---

18 베다(veda) : 고대 인도의 바라문교의 근본 성전聖典의 총
    칭. 지론智論 · 명론明論 · 무대無對라 번역한다.
19 나쁜 곳 : 지옥地獄, 아귀餓鬼, 축생畜生, 수라修羅를 가리킴.

「놀라울진저, 세존이시여. 마치 넘어진 자를 일으키듯이, 덮여 있는 것을 열어젖히는 것처럼, 방향을 몰라 헤매는 자에게 길을 가리키는 것과 같이, 혹은 《눈 있는 자들은 색깔을 보리라.》 하고 어둠 속에서 횃불을 높이 드는 양, 부처님께서는 여러 면으로 법法을 분명히 하셨나이다.

저는 부처님에게 귀의歸依하며, 또 진리와 수행승修行僧들의 모임에 귀의 하나이다. 부처님께서는 오늘부터 목숨이 다할 때까지 귀의한 재가在家의 신도[20]로서 저를 받아들이소서.」

---

20 처자妻子가 있고 세상일에 관여하는 속인俗人.

8. 자비慈悲

　(1) 사물에 통달한 자가 이 평안의 경지에 이르러 해야 할 일은 다음과 같나니, 즉 그는 모름지기 슬기롭고, 곧으며, 올바르고, 상냥스러우며, 거만하지 않은 자가 될지어다.

　(2) 만족함을 알고, 손쉽게 생활하며, 번거로운 잡일이 적고, 생활이 간소하며, 여러 감관感官이 안정되고, 총명하여 거만하지 말며 탐내지 말라.

　(3) 식자識者들의 비난을 사는 비열한 행동은 결단코 삼가해야 할 지며, 모든 중생은 복되고 평화롭고 즐거울지어다.

　(4) 어떠한 생물이라 할지라도, 즉 겁이 많은 것이든 담이 큰 것이든, 또 덩치가 길든 크든 짧든 중간

쯤 되든, 그리고 섬세하게 생겼든 육중하게 생겼든, 그리고,

(5) 눈에 보이는 것이든, 보이지 않는 것이든, 멀리 혹은 가까이 사는 것이든, 이미 태어난 것이든, 앞으로 태어나려고 하는 것이든 일체의 중생은 복될지어다.

(6) 상대방이 누구든지 속여서는 안되며, 어디가나 남을 멸시하지 말라. 또한 골병을 드리려는 생각에서 노기怒氣를 띄고 남을 괴롭혀서는 안 되느니라.

(7) 마치 어머니가 목숨을 다하여 자기의 외아들을 지키듯이, 일체 중생에 대하여 무한한 자비심을 일으킬지어다.

(8) 또한 온 세계에 대하여 끝없는 자비의 정情을 베풀지며, 위와 아래 그리고 옆에 장해와 원한과 적의敵意가 없는 자비심을 나타낼지니라.

(9) 서나, 걸으나, 앉으나, 누우나, 잠자고 있지 않는 한, 이 자비의 마음씨를 굳게 지니라. 이 세상에서는 마음의 이런 상태를 가리켜 숭고한 경지[21]라고

---

21 한역漢譯으로서는 흔히 「범주梵住」라고 번역함.

이르니라.

(10) 모든 그릇된 견해애 사로잡히지 말고, 계율을 지키며 사리事理에 밝아 온갖 탐욕에서 벗어난 자는 결코 다시 모태母胎로 돌아가는 일이 없을지니라.

9. 설산雪山에 거주하는 자

　(1) 칠악야귀七岳夜鬼[22]가 가로되, 「오늘은 15일[23]
의 우포－사타(uposatha)로 빛나는 밤이 다가왔도다.
이제 우리는 세상에 뛰어나신 부처님을 찾아뵙기로
하리라.」

　(2) 설산야귀雪山夜鬼가 가로되, 「그는 일체의 중

---

22 중부인도中部印度의 사－타산山에 살고 있던 야귀夜鬼는
　　본래 신적존재神的存在, 영적존재靈的存在를 의미하였지
　　만, 나중에 귀신鬼神의 일종으로 북방北方의 신神인 쿠
　　베－라의 지배支配를 받는 것으로 생각되었다.

23 15일은 만월이 된 날을 가리키며, 우포－사타(Uposatha)
　　는 출가出家한 스님들이 계율의 조목을 읽고 보름 동안에
　　지은 죄가 있으면 참회하여 선善을 기르고 악惡을 없이
　　하는 의식儀式.

생에 대하여 끝까지 자비를 베푸느뇨? 또한 그의 사유思惟는 원하는 것과 원치 않는 것에 대하여 잘 억제하고 있느뇨?」

(3) 칠악야귀가 대답하되, 「그는 일체 중생에 대하여 끝까지 자비를 베풀며, 또한 그의 사유는 원하는 것과 원치 않는 것에 대하여 잘 억제하고 있느니라.」

(4) 설산야귀가 가로되, 「그는 자기에게 주어지지 않은 것을 가지려 하지 않느뇨? 그는 중생을 죽이지 않도록 할 수 있느뇨? 그는 게으름에서 멀리 벗어나 있느뇨? 그는 정신통일을 저버리지 않느뇨?」

(5) 칠악야귀가 대답하되, 「그는 자기에게 주어지지 않은 것을 가지려 하지 않으며, 중생을 죽이려고 하지 않고, 게으름에서 멀리 벗어나 있으며, 또한 정신의 통일을 저버리지 않느니라.」

(6) 설산야귀가 가로되, 「그는 거짓말을 하지 않느뇨? 사나운 욕설을 퍼붓지 않느뇨? 남을 이간시키는 말을 하지 않느뇨? 필요 없는 말을 하지 않느뇨?」

(7) 칠악야귀가 대답하되, 「그는 거짓말을 하지

않고, 사나운 욕설을 퍼붓지 않으며, 또 남을 이간시
키는 말을 하지 않고, 필요 없는 말을 하는 일이 없
느니라.」

(8) 설산야귀가 가로되,「그는 욕망을 충족시킴으
로써 느낄 수 있는 향락을 즐기는 일이 없느뇨? 그의
마음은 흐려 있지 않느뇨? 미망迷妄을 초월하였느
뇨? 만사를 분명히 보는 눈을 갖고 있느뇨?」

(9) 칠악야귀가 대답하되,「그는 욕망을 충족시킴
으로써 느낄 수 있는 향락을 즐기는 일이 없으며, 그
의 마음은 흐려 있지 않고, 모든 미망을 초월하였으
며, 그리고 만사를 분명히 보는 눈을 가졌느니라.」

(10) 설산야귀가 가로되,「그는 밝은 지혜를 갖고
있느뇨? 그의 행위에는 전혀 때가 묻지 않았느뇨?
그의 번뇌는 소멸되었느뇨? 그는 이미 다시 세상에
태어나는 일이 없느뇨?」

(11) 칠악야귀가 대답하되,「그는 밝은 지혜를 갖
고 있으며, 또한 그의 행위에는 전혀 때가 묻지 않
고, 그는 모든 번뇌를 소멸시켰으며, 그는 이미 세상
에 다시 태어나는 일이 없느니라.」

(12) 설산야귀가 가로되, 「그의 마음은 언행言行을 잘 구현具現하고 있으니, 밝은 지혜와 행실을 갖춘 그를 그대가 찬탈하고 반가워하는 것은 지당한 일이로다.」

(13) 칠악야귀가 이르되, 「그의 마음은 언행이 잘 구현되어 있으니, 우리는 밝은 지혜와 행실을 갖춘 부처님을 찾아뵙도록 하리로다.」

(14) 설산야귀가 가로되, 「그 성자聖者는 염소의 다리처럼 매마르고, 총명하며 식사를 적게 하고 탐내는 일이 없이 숲속에서 조용히 명상에 잠겨있으니, 우리는 부처님을 찾아뵙도록 하리로다.

모든 욕망을 거들떠보지 않고, 마치 사자나 코끼리와 같이, 혼자서 가는 그에게 가까이 다가가 우리는 죽음의 사슬에서 벗어나는 길을 물어보리라.」

(15) 두 야귀가 가로되, 「진리를 해명해 주시고, 말로 밝혀 주시며, 모든 사물의 구경究竟[24]을 파악하

---

24 구경究竟 : 무상의, 궁극의, 필경의 최상最上. 사리의 궁극, 궁극의 경지, 사물의 극한, 지극.

시고, 원한과 두려움을 초월하신 부처님을 우리는 찾아가 뵙도록 하리라.」

(16) 설산야귀가 가로되, 「세계는 무엇에서 비롯되나이까? 무엇에 대하여 애착을 느끼나이까? 세상 사람들은 무엇에 사로잡히며, 무엇으로 침해를 당하게 되나이까?」

(17) 부처님이 대답하여 가라사대, 「설산雪山에 거주하는 자여, 여섯 가지 것[25]이 갖추어졌을 때, 세계가 비롯되며 여섯 가지 것에 대하여 애착을 느끼고, 여섯 가지 것에 사로잡히며, 여섯 가지 것에 침해를 당하고 있느니라.」

(18) 「세상 사람들이 온통 침해를 받고 있는 집착執着이란 무엇이오니까? 거기서 떠나는 길을 말씀해주소서. 또한 어떻게 하면 괴로움에서 벗어날 수 있나이까?」

(19) 「세상에는 다섯 가지 욕심[26]의 대상이 있느

---

25 안眼, 이耳, 비鼻, 설舌, 신身, 의意.

26 색色, 성聲, 향香, 미味, 촉觸.

니라. 그리고 의意가 그 여섯 번째 대상이라고 말하
거니와, 이들에 대한 탐욕을 떠나면, 괴로움에서 벗
어날 수 있느니라.」

　이제 세상 일에서 떠나는 길이 그대들에게 여실히
제시되었으니, 나는 이렇게 하면 괴로움에서 벗어날
수 있다고 생각하노라.」

　(20)「이 세상에서 누가 사나운 물결을 헤치고 건
너가나이까? 이 세상에서 누가 큰 바다를 건너가나
이까? 의지할 곳 없는 깊은 바다에 들어가도 누가 가
라앉지 않나이까?」

　(21)「언제나 계율을 지키며, 지혜가 있고, 마음을
통일하여, 스스로 보살피며, 생각하는 바가 있는 자
는 건너기 어려운 사나운 물결을 건널 수 있느니라.

　애욕에 대한 생각을 떠나, 온갖 집착의 매듭을 초
월하여 환락을 소멸시킨 자―그는 깊은 바닷속에 가
라앉는 일이 없느니라.」

　(22) 설산의 야귀가 가로되,「깊은 지혜가 있으시
고, 심오한 의의意義를 통찰하시며, 아무것도 갖지
않으시고, 욕심 많은 삶에 사로잡히지 않으시며, 모

든 일에 해탈하시고, 성스러운 길을 걸어가시는 대선인大仙人을 볼지어다.

(23) 세상에 이름이 높으시고, 오묘한 진의眞義를 통찰하시며, 남에게 지혜를 가르쳐주시고, 욕망에 사로잡히지 않으며, 온갖 것을 헤아리시고, 성스러운 길을 걸어가시는 대선인을 볼지어다.

(24) 오늘날 우리는 훌륭한 태양을 보고, 아름다운 새벽 하늘을 맞이하여, 유쾌한 마음으로 일어섰도다. 이는 사나운 물결을 건너시고, 번뇌의 때가 묻지 않은 부처님을 우리가 찾아보았기 때문이니라.

(25) 이들 천千으로 헤아리는 야귀들은 신통력神通力이 있어 대견하거니와, 부처님은 우리들의 둘도 없는 스승이므로, 그들은 모두 부처님에게 귀의歸依하나이다.

(26) 우리는 이 마을에서 저 마을, 이 산에서 저 산으로 부처님과 뛰어난 진리 앞에 고개 숙이며 돌아다니리로다.」

10. 〈아-라바카〉야귀夜鬼

　내가 듣건대-언젠가 부처님께서 「아-라비」나라의 〈아-라바카〉야귀가 살고 있는 곳에 거주하사, 그때 〈아-라바카〉야귀가 부처님의 곁에 가까이 다가와 가로되,

　「도를 닦는 자여, 저리 나가라.」하니,

　「잘 알았노라, 벗이여.」하시고, 부처님은 밖으로 나가신지라. 다시 야귀가 가로되,

　「도를 닦는 자여, 들어오라.」하니,

　「잘 알앗노라, 벗이여.」하시고 부처님이 들어오시매, 또다시 〈아-라바카〉야귀는 부처님에게 가로되,

　「도를 닦는 자여, 저리 나가라.」하니,

「잘 알았노라, 벗이여.」하시고 부처님은 밖으로 나가시더라. 또다시 야귀가 가로되,

「도를 닦는 자여, 들어오라.」하니,

「잘 알았노라, 벗이여.」하시고 부처님이 들어가시니, 세 번 다시 〈아-라바카〉 야귀가 부처님에게 가로되,

「도를 닦는 자여, 저리 나가라.」하니,

「잘 알았노라, 벗이여.」하시고 부처님은 밖으로 나가시더라. 또다시 야귀가 가로되,

「도를 닦는 자여, 들어오라.」하니,

「잘 알았노라, 벗이여.」하시고 부처님이 들어가시니, 네 번 다시 〈아-라바카〉 야귀는 부처님에게 가로되,

「도를 닦는 자여, 저리 나가라.」하매, 부처님이 대답하시되,

「나는 이제는 나가지 않을 터이니, 그대는 마음대로 하라.」고 하신즉 야귀가 가로되,

「도를 닦는 자여, 그대에게 묻노니, 만일 그대가 나에게 분명한 답변을 하지 못하면 그대의 마음을

혼란에 빠뜨리게 하여 그대의 심장을 찢고, 그대의 두 다리를 들어 「간디스」강 맞은 편에 집어던지리로다.」하니, 부처님이 대답하여 가라사대,

「벗이여, 신들과 악마와 범천梵天을 포함한 세계에서 도를 닦는 자와 바라문, 그리고 신들과 인간을 비롯한 중생들 중에 내 마음을 혼란에 빠뜨리며, 내 심장을 찢고 내 두 다리를 들어 「간디스」강 저쪽에 던질 수 있는 자는 하나도 없노라. 벗이여, 그대가 알고자 하는 것을 무엇이든지 물으라.」하시니, 〈아-라바카〉야귀는 다음과 같은 노래를 지어 아뢰더라.

(1) 「이 세상에서 인간에게 가장 큰 재산은 무엇인가? 어떤 선행善行이 안락을 가져오느뇨? 세상에서 가장 맛좋은 것은 무엇인가? 어떻게 사는 것이 가장 훌륭한 생활이라고 할 수 있느뇨?」

(2) 「이 세상에서 인간에게 가장 큰 재산은 신앙이며, 덕이 두터우면 안락을 가져오느니라. 진실은 가장 맛좋은 것이고, 지혜로 살아가는 것이 가장 훌

룡한 생활이니라.」

(3) 「인간은 어떻게 하면 사나운 물결을 건너갈 수 있느뇨? 어떻게 하면 바다를 건너갈 수 있느뇨? 어떻게 하면 괴로움을 초월할 수 있으며, 어떻게 하면 마음에 전혀 때가 묻지 않을 수 있느뇨?」

(4) 「인간은 신앙으로써 사나운 물결을 건너가며, 근기로써 바다를 건너가고, 꾸준함으로써 괴로움을 초월하며, 지혜로써 전혀 때가 묻지 않을 수 있느니라.」

(5) 「인간은 어떻게 하면 지혜를 얻을 수 있느뇨? 어떻게 하면 재물을 얻을 수 있느뇨? 어떻게 하면 명성을 얻을 수 있느뇨? 또 어떻게 하면 친구를 얻을 수 있으며, 어떻게 하면 이 세상에서 저 세상으로 갔을 때 우환이 없느뇨?」

(6) 「존경할만한 사람들이 마음의 안정을 얻는 참된 이치를 믿고 꾸준히 노력하면, 그 가르침을 받들려는 열망으로 하여 지혜를 얻게 되느니라.

알맞게 일을 해나가고, 참을성 있게 노력하는 자는 재물을 얻으며, 성실을 다하면 명성을 얻고, 무엇인가 이로움을 주게 되면 친구를 얻을 수 있느니라. 집에 머물러 있는 자로서 믿음이 두터울 뿐 아니라 성실과 진리와 견실, 그리고 시여施與[27]의 네 가지 덕이 있으면 그는 내세來世에 가서 우환이 없느니라.

만일 이 세상에서 성실과 자제自制와 시여, 그리고 인내보다 더 뛰어난 것이 있다면, 그것에 대하여도 도를 닦는 바라문들에게 물으라.」

(7) 「이제 제가 어찌하여 도를 닦는 자나 바라문들에게 널리 물을 필요가 있겠나이까. 저는 오늘 내세의 이로움을 알게 되었나이다.

부처님께서 「아-라비」에 거주하기 위해 오신 것은 실상 저를 이롭게 함이로소이다. 저는 오늘 무엇에 시여施與하면 큰 과보果報를 얻을 수 있는가에 대하여 알게 되었나이다.

저는 부처님과 뛰어난 진리 앞에 고개 숙이고, 이 마을에서 저 마을로, 이 거리에서 저 거리로 돌아다니겠나이다.」

---

27 시여施與 : 베풀어 주는 것.

11. 승리

(1) 때로는 걷고 때로는 서며, 때로는 앉고 때로는 누워서, 몸을 굽히기도 하고 펴기도 하나니, 이는 육신의 동작이니라.

(2) 육신은 뼈와 근육으로 연결되어 내피內皮와 살로 싸이고, 표피表皮에 덮여 있으므로 있는 그대로 볼 수 없느니라.

(3) 육신은 위와 장으로 충만되어 있으며, 간장, 방광, 심장, 폐, 신장, 비장이 있고 콧물 점액粘液, 진물, 지방, 피, 관절액, 담즙, 기름기가 있고,

(4) 또한 아홉 개의의 구멍[28]으로는 언제나 더러

----

28 두 눈, 코, 귀, 배설구排泄口, 입.

운 것이 흐르나니, 눈에서는 눈꼽, 귀에서는 귀청, 코에서는 콧물, 입으로는 때에 따라 담즙을 토하기도 하고, 담을 뱉기도 하며, 전신으로부터 땀과 때를 배설하느니라.

(5) 그리고 그 머리통은 공동을 이루어 뇌수腦髓로 충만되고 있거늘, 어리석은 자는 무명無明에 끌리어 이를 깨끗한 것으로 간주하느니라.

(6) 육신은 죽어 넘어지면 부풀어 오르고 검푸르게 되며, 묘지에 버려 친족도 이를 돌보지 않게 되나니,

(7) 개와 들여우, 늑대나 버러지들이 이를 파먹고, 까마귀와 솔개, 그 밖의 것들이 이를 쪼아 먹느니라.

이 세상에서 지혜로운 수행자는 깨달은 자의 말을 듣고 이를 완전히 이해하나니, 그는 이를 여실히 눈으로 보기 때문이니라.

(8) 《저 죽은 육신도 이 산 육신과 같았으니, 이 산 육신도 저 죽은 육신처럼 되리라.》 하고 안팎으로 육신에 대한 욕심에서 떠날지니라.

(9) 이 세상에서 애욕을 떠나 지혜로운 수행자는,

불사不死와 평안을 누리는 영원한 열반涅槃의 경지에 이르렀도다.

(10) 인간의 이 육체는 깨끗하지 못하고 악취惡臭가 나며 꽃이나 향수에 의해 보호되나니, 여러 가지 오물汚物이 충만하여 여기 저기서 흘러나오거늘,

(11) 이런 육신을 갖고 있으면서 자신을 훌륭한 존재로 간주하고 남을 멸시한다면, 그는 눈먼 자가 아니고 무엇이랴.

12. 성자聖者

　(1) 친밀한 데서 우환이 일어나며, 가정생활로부터 더러운 먼지가 이나니, 친밀한 것도 없고 가정생활도 없다면, 이는 실로 성자의 깨달은 소치이니라.

　(2) 이미 일어난 번뇌의 눈(芽)을 잘라버리고 이를 다시 심는 일이 없으며, 현재 일어나는 번뇌를 키워나가는 일이 없이, 혼자서 걸어가는 자를 성자라 하나니, 저 대선인大仙人은 평안의 경지를 분명히 보았느니라.

　(3) 번뇌가 일어나는 뿌리를 통찰하고 그 씨앗을 분별하여, 이에 애착을 느끼는 마음을 기르지 않는다면, 그는 실로 삶을 멸한 종극終極을 보는 성자로, 망령된 생각을 버리고 미망에 빠진 자의 부류에 가

지 않느니라.

(4) 모든 애착이 일어나는 곳을 알고, 그 어느 것도 원하지 않으며 탐욕에서 떠나 아무것도 바라지 않는 성자는 애써 구하는 일이 없으나, 이는 그가 피안彼岸에 도달했기 때문이니라.

(5) 모든 것을 극복하고, 온갖 것을 알며, 대단히 총명하여 여러 가지 사물에 더럽혀지는 일이 없이, 일체를 버리고, 애착을 멸하여 해탈한 자를 여러 현명한 자들은 성자로 아느니라.

(6) 지혜가 있고 계율과 서약을 잘 지키며, 마음이 통일되어 선禪을 즐기고, 생각하는 바가 깊어 집착執着에서 떠나고 거칠은 데가 없으며, 번뇌에 더럽히지 않은 자를, 여러 현명한 자들은 성자로 아느니라.

(7) 혼자서 자기 길을 걸어가며 쉬지 않는 성자, 비난과 찬양에 마음이 이끌리는 일이 없고, 고함소리에 놀라지 않는 사자와 같이, 그물에 걸리지 않는 바람처럼, 물에 더럽히지 않는 연꽃 모양, 남에게 인도되는 일이 없이 남을 인도하는 자를, 여러 현명한 자들은 성자로 아느니라.

(8) 남들이 입을 모아 찬양하거나, 비난을 퍼붓더라도, 수욕장水浴場의 기둥처럼 태연히 우뚝 서서, 애욕으로부터 떠나 모든 감관感官을 잘 진정시키는 자를, 여러 현명한 자들은 성자로 아느니라.

(9) 몸가짐을 똑바로 하여 모든 악행을 혐오하며, 옳고 그른 것을 소상히 통찰하는 자를, 여러 현명한 자들은 성자로 아느니라.

(10) 그는 남이 준 것으로 생활하며, 위로부터의 음식이나, 중간으로부터의 음식, 또는 나머지 음식을 얻더라도,[29] 그 음식을 준 사람을 치하하거나, 또는 비웃는 일이 없나니, 여러 현명한 자들은 그를 성자로 아느니라.

(11) 성性의 교섭을 끊고, 아름다운 부녀자에게도 정을 두지 않으며, 거만하거나 게으른 일 없이 속박束縛에서 해탈解脫한 자를, 여러 현명한 자들은 성자

---

29 위로부터의 음식은 그릇에서 제일 먼저 꺼낸 음식. 중간으로부터의 음식은 그릇에 한 절반 남아 있는 데서 꺼낸 음식. 나머지 음식은 그릇에 몇 숟갈 먹다 남은 것을 꺼낸 음식.

로 아느니라.

(12) 세상을 잘 이해하고 최고의 진리를 보며, 거센 물결과 바다를 건너, 사슬을 끊고 의지하는 곳 없이 번뇌에 물들지 않는 자를, 여러 현명한 자들은 성자로 아느니라.

(13) 집에 머물러 있는 자(在家者)는 아내를 부양하지만, 계율을 잘 지키는 자(出家者)는 아무것도 내 것이라고 생각하는 집착이 없으니, 양자 사이에는 거처나 생활에 거리가 있어 한결같지 않느니라. 집에 머물러 있는 자는 다른 생명을 해치며, 절제하는 일이 없지만, 성자는 자제自制하여 언제나 생명 있는 자를 수호하느니라.

(15) 마치 하늘을 날아다니는 공작새가 백조白鳥만치 빨리 날 수 없는 것처럼, 집에 머물러 있는 자는, 세상을 멀리하고 숲속에서 명상에 잠기는 성자나 수행자에게 미치지 못하느니라.

제2장

소장 小章

1. 보물

(1) 여기 모인 여러 귀신은 지상에 있거나 공중에 있음을 막론하고 모두들 기꺼워하라. 그리하여 마음을 가다듬고 내 말을 들으라.

(2) 모든 귀신들이여, 귀를 기우리라. 밤낮으로 공물供物을 드리는 인류에게 자비를 베풀라. 결코 방임하는 일이 없이 그들을 수호하라.

(3) 이 세상이나 저 세상에 있는 어떠한 재물이나, 또는 천계天界의 훌륭한 보물이라 할지라도, 우리들의 온전한 자(如來)와 같은 존재는 없느니라. 이 훌륭한 보물은 부처님에게 있나니, 이 진리로 하여 복될지어다.

(4) 마음을 통일한 부처님이 도달하신 번뇌의 소

멸, 욕망으로부터의 이탈, 그리고 불사不死 및 뛰어난 이법理法과 같은 것은 없느니라. 이 훌륭한 보물은 참된 이치 속에 있나니, 이 진리로 하여 복될지어다.

(5) 가장 뛰어난 부처님이 찬탄하여 마지 않는 깨끗한 마음의 안정을, 사람들은 「빈틈 없는 마음의 안정」이라고 하거니와, 이 마음의 안정과 같은 것은 세상에 둘도 없느니라. 이 훌륭한 보물은 그 참된 이치 속에 있나니, 이 진리로 하여 복될지어다.

(6) 선량한 자들이 찬양하여 마지 않는 팔배八輩[30]의 수행자修行者는 이들 네 쌍(四雙)의 수행자이니, 그들은 복된 부처님의 신도로 시여施與를 받아야 하며, 그들에게 베푼 것은 커다란 과보果報(효과, 결과)를 가져오느니라. 이 훌륭한 보물은 모임(集會) 속에 있나니, 이 진리로 하여 복될지어다.

---

30 불교에서 성자聖者의 지위地位를 예류預流, 일래一來, 불환不還, 아라한阿羅漢의 네 성위聖位로 나누어, 이를 네 쌍四雙이라고 하며, 이를 각각 다시 향向과 과果로 나눠서 팔배八輩(소승의 사향사과四向四果의 수행자修行者를 말함)라 함.

(7) 마음을 굳게 갖고 애써 노력하며, 부처님의 가르침을 숭상하는 데 다른 욕심이 없고 불사不死를 얻어 마땅히 도달해야 하는 경지에 이르며, 대상代償을 주는 일 없이 얻어 평안의 즐거움을 향유할지니라. 이 훌륭한 보물은 모임 속에 있나니, 이 진리로 하여 복될지어다.

(8) 여러 가지 성스러운 진리를 통찰하는 선량한 자는, 마치 성문 밖에 서 있는 기둥이 땅속에 깊이 묻히면, 사방에서 불어오는 바람에 움찍 않는 것과 비유해야 한다고 나는 생각하노라. 이 훌륭한 보물은 모임 속에 있나니, 이 진리로 하여 복될지어다.

(9) 깊은 지혜가 있는 부처님께서 주장하신 여러 가지 성스러운 진리를 분명히 아는 자들은 아무리 방심하는 한이 있더라도 제8의 생존[31]을 누리는 일은 없느니라. 이 훌륭한 보물은 모임 속에 있나니, 이 진리로 하여 복될지어다.

---

31 제팔第八의 생존生存 : 불교佛敎의 수행修行에 힘쓴 성자聖者는 사후死後에 다시 태어나더라도 제7회의 생존生存까지 열반涅槃을 얻어 제8회의 생존生存에 이르지 않는다.

(10) 자기 자신을 실재實在라고 간주하는 견해와 의혹疑惑과 외면적인 계율 및 서약誓約의 세 가지가 조금이라도 남아 있다면, 그가 지견知見[32]을 갖는 즉시로 그것들을 버리게 될지니, 그들은 네 가지 나쁜 곳[33]에서 떠나며, 여섯 가지 무거운 죄[34]를 면하게 되느니라. 이 훌륭한 보물이 모임 속에 있나니, 이 진리로 하여 복될지어다.

(11) 또한 그들은 육신과 언사言辭와 그리고 마음 속으로나마 조금이라도 악한 일을 하게 되면, 이를 감출 수 없나니, 이는 구경의 경지를 들여다본 자는 감추지 못하기 때문이니라. 이 훌륭한 보물은 모임 속에 있나니, 이 진리로 하여 복될지어다.

(12) 여름철 첫더위에 우거진 나뭇가지가 꽃을 피우듯이, 부처님께서 평안에 이르는 오묘한 이법理法

---

32 지견知見 : 사리事理를 분명히 알고 있는 견해見解.

33 전장前章 주석註釋 **19** 참조參照.

34 부살父殺, 모살母殺, 아라한살阿羅漢殺, 불타佛陀의 출혈出血, 승단僧團의 화합파기和合破棄, 이교도異敎徒에의 순종順從.

을 말씀하셨느니라. 이 훌륭한 보물이 부처님에게 있나니, 이 진리로 하여 복될지어다.

(13) 가장 좋은 것을 알며, 가장 좋은 것을 주고, 가장 좋은 것을 가져오는, 가장 뛰어난 자가 오묘한 이법理法을 말씀하셨도다. 이 훌륭한 보물이 부처님에게 있나니, 이 진리로 하여 복될지어다.

(14) 낡은 업業은 이미 다하고, 새것은 아직 생기지 않았도다. 그 마음은 앞날의 생존에 사로잡히지 않고, 종자를 멸함으로써 그것이 성장하기를 원치 않는 이들 현자賢者는 등불처럼 멸해가느니라. 이 훌륭한 보물이 모임 속에 있나니, 이 진리로 하여 복될지어다.

(15) 여기 모인 여러 귀신들은 지상에 있거나 공중에 있음을 막론하고, 제신과 인간들이 섬기는 이렇듯 완성된 부처님을 배례(拜禮 : 머리 숙여 절을 함)할지니, 복될지어다.

(16) 또 여기 모인 여러 귀신들은 지상에 있거나 공중에 있음을 막론하고, 제신과 인간들이 섬기는 이렇듯 완성된 진리를 배례할지니, 복될지어다.

(17) 여기 모인 여러 귀신들은 지상에 있거나 공중에 있음을 막론하고, 여러 신들과 인간들이 섬기는 이렇듯 완성된 모임을 배례할지니, 복될지어다.

2. 비린 것[35]

(1) 「수수, 딩구라카,[36] 치-나카콩, 풀이나 넝쿨의 열매, 구근球根 등을 어진 사람들로부터 정당하게 얻어, 이를 먹으면서 욕심을 부리지 말고, 거짓말을 하지 말지니라.

(2) 남에게서 얻은 맛있는 쌀밥에 입맛을 다시며 먹는 자는 〈캇사파〉[37]여, 비린 것을 먹음이니라.

---

35 이 가르침은 캇사파불佛이 〈팃사〉라는 바라문에게 한 말을 서술한 것이라고 한다. 처음 세 시구詩句가 〈팃사〉의 말이고, 가운데 아홉 개가 캇사파불佛의 말, 나중 두 시구詩句는 편자編者의 말이다.

36 딩구라카(Dingulaka) : 식물植物의 이름.

37 과거에 캇사파(Kasapa)불佛이 구도자求道者였을 때의 일을 말함.

(3) 범천梵天의 친족인 바라문 그대는 잘 조리한 새고기(鳥肉)를 반찬으로 해서 밥을 맛있게 먹으면서 《나는 비린 것을 입에 대는 것을 용서치 못하노라.》고 말하도다. 〈캇사파〉여, 묻노니, 그대가 말하는 비린 것이란 무엇을 말하느뇨?」

(4) 「생물을 죽이는 것, 때리고 절단하며 결박하는 것, 도둑질을 하고 거짓말을 하는 것, 남을 속이는 것, 그릇된 것을 배우고, 남의 아내를 가까이하는 것-이것이 비린 것이며, 육식은 그렇지 않느니라.

(5) 이 세상에서 욕망을 억제하는 일 없이, 맛있는 음식을 탐내고 깨끗하지 못한 생활을 하며, 허무론虛無論을 신봉하고, 옳지 못한 행위를 하는 완미(頑迷 : 완고하여 사리에 어두움)한 자들 -이것이 비린 것이며, 육식은 그렇지 않느니라.

(6) 난폭하고 잔인하여 남의 험담을 하며, 친구를 배반하고 무자비하며, 거만하고 인색하여 남에게 주는 일이 없는 자들-이것이 비린 것이며, 육식은 그렇지 않느니라.

(7) 분노, 교만, 고집, 반항, 허위, 질투, 과장, 극단

의 자부심, 부량배와의 상종 - 이것이 비린 것이며,
육식은 그렇지 않느니라.

(8) 이 세상에서 흉악한 성질을 지니고 빚을 갚지
않으며, 밀고를 하고 법정에서 거짓 증언을 하며, 정
의를 가장假裝하고 악을 저지르는 가장 열등한 자들
-이것이 비린 것이며, 육식은 그렇지 않느니라.

(9) 이 세상에서 마음대로 살생을 하며, 남의 것을
약탈하고, 또한 그들을 해치려고 하며, 됨됨이 고약
하고 욕심이 많으며, 난폭하고 예절을 모르는 자들-
이것이 비린 것이며, 육식은 그렇지 않느니라.

(10) 이 살아있는 중생들을 해치고 등지며, 언제
나 흉악한 일만 꾸미고 죽어서는 암흑에 이르러 지
옥에 거꾸로 떨어지는 자들-이것이 비린 것이며, 육
식은 그렇지 않느니라.

(11) 채식, 단식, 벌거숭이, 머리를 깎거나 기르는
것, 먼지와 때, 사슴의 가죽을 걸치는 것, 화신火神에
곡물을 차려놓고 섬기는 것, 또는 세상에서 불사不死
를 얻기 위한 고행, 신주神呪, 제물, 제사, 계절[38]에 따

---

38 한여름에 태양을 쪼이고, 우기雨期에는 집에 들지 않고

르는 고행 등등도 의혹을 초월하지 않으면 그 사람의 마음을 맑게 할 수 없느니라.

(12) 통로인 여섯 가지 기관[39]을 지키고, 또 그 기관器官을 이겨나가라. 참된 이치理法 속에 안주하여 올바르고 순박한 것을 즐기고, 집착執着에서 떠나 모든 괴로움을 벗어버린 현자賢者는 보고 듣는 일로 하여 더럽혀지지 않느니라.」

(13) 위에서 말한 것과 같은 점을 거룩한 스승[40]은 되풀이하여 말씀하셨느니라. 「베-다」에 정통한 바라문은 이를 알고 있었나니, 비린 것을 멀리하고 그 무엇에도 사로잡히지 않았느니라. 그리하여 우리가 그 뒤를 따르고 싶어하는 성자께서는 여러 가지 시구詩句로써 이를 설법하셨도다.

(14) 그 바라문은 깨달은 자가 비린 것을 떠나 일체의 괴로움을 제거하는 지혜로운 말씀을 듣고는 겸

나무 밑에서 살며, 겨울에 물속에 들어감.

39 안眼, 이耳, 비鼻, 설舌, 신身, 의意.

40 캇사파불佛.

허한 마음으로 그 온전한 자를 배례하고, 즉석에서
출가出家하기를 원하더라.

3. 수치(恥)

(1) 부끄러워할 줄 모르거나 싫어하여, 「나는 그대의 친구니라.」하고 말하면서, 자기가 능히 할 수 있는 일을 하려고 들지 않는 자는 「이 사람은 내 친구가 아니니라.」하고 알아차릴지어다.

(2) 여러 친구에게 실천이 따르지 않는 말만 그럴 듯하게 하는 자는, 말뿐이지 실제로 행동하지 않는 자임을 현자는 잘 알고 있느니라.

(3) 언제나 우정이 깨어질까 두려운 마음에서 간사를 부리면서도, 항상 친구의 결점만을 보는 자는 친구가 아니니라. 자식이 어머니 품에 의지하듯이, 그 사람에게 의지하며 제삼자 때문에 사이가 벌어지는 일이 없는 자야말로 친구니라.

(4) 좋은 성과를 바라는 자는 힘에 닿는 짐을 지며, 마음으로부터 기쁨이 우러나고 찬양을 받게 마련이며, 안락을 가져오는 원인을 알게 되느니라.

(5) 속세를 완전히 떠나 안정을 누리는 길을 알며, 법열法悅을 맛보는 자는, 고뇌에서 떠나고, 악에서 벗어나 있느니라.

4. 커다란 행복

내가 듣건대 – 언젠가 부처님께서 「사-밧티-」의 「제-타」 숲속, 고독한 사람들에게 음식을 나눠주는 장자長者의 동산에 계실 때, 용모가 수려한 신이 자정이 지난 무렵, 「제-타」 숲을 샅샅이 밝히며, 부처님에게 가까이 다가가 절을 하고 한켠에 서서 노래를 지어 다음과 같이 아뢰더라.

(1) 「여러 신神과 인간은 행복을 원하고 행복을 바라나니, 무엇을 가장 큰 행복이라 하나이까?」
(2) 「어리석은 자들과 친하지 말고 현명한 자들과 친하며, 존경할만한 자들을 받드는 것 – 이것이 가장 큰 행복이니라.

(3) 적당한 장소에 살며 전세前世에 공덕을 쌓아, 스스로 올바른 목적을 이루려고 마음에 다짐하는 것 −이것이 가장 큰 행복이니라.

(4) 박애博愛의 정신이 강하며, 기술과 훈련을 쌓고, 변설辯舌이 능한 것−이것이 가장 큰 행복이니라.

(5) 부모를 섬기고, 처자를 애호하며, 일에 질서가 있어 혼란을 일으키지 않는 것−이것이 가장 큰 행복이니라.

(6) 시여施與를 잘하고 이법理法에 맞는 행위를 하며, 친족을 애호하고, 비난을 받지 않는 것−이것이 가장 큰 행복이니라.

(7) 악에서 멀리 떠나, 술을 억제하고 덕행德行에 힘쓰는 것−이것이 가장 큰 행복이니라.

(8) 남을 존경하고 스스로 겸손하며, 만족하고 감사하는 마음을 지니며, 때때로 이법에 대한 가르침을 듣는 것−이것이 가장 큰 행복이니라.

(9) 참고 견디며, 양순하고 도를 닦는 많은 사람들과 접촉하여 가끔 참된 이치(理法)에 대한 이야기를 주고 받는 것−이것이 가장 큰 행복이니라.

(10) 수양에 힘써 아름다운 행위를 하며, 성스러운 진리를 통찰하고, 마음의 안정을 분명히 느끼는 것-이것이 가장 큰 행복이니라.

(11) 세속적인 풍습에 대하여 마음이 흔들리지 않고, 두려움이 없으며, 악에 물들지 않고 마음이 안정되어 있는 것-이것이 가장 큰 행복이니라.

(12) 위에서 말한 것을 실천하면, 어떤 일에 대하여도 패배하는 일이 없고, 어디를 가나 행복에 도달할 수 있나니,-이것이 그들에게 가장 큰 행복이니라.」

5. 수-치로-마 야귀夜鬼

　내가 듣건대-언젠가 부처님께서 「가야-」 마을의 「탄키타」 석상石床에 있는 〈수-치로-마〉 야귀의 거처에 계실 때, 「카라」 야귀와 〈수-치로-마〉 야귀가 부처님이 계시는 근처를 지나가며, 「카라」 야귀가 〈수-치로-마〉 야귀에게 가로되,

　「그는 도를 닦는 자이니라.」 하니, 〈수-치로-마〉 야귀가 이르되,

　「그가 참으로 도를 닦는 자인지, 혹은 거짓으로 도를 닦는 자인지를 내가 전혀 모르고 있는 한, 참된 도를 닦는 자가 아니고 그릇된 도를 닦는 자임에 틀림이 없으니라.」 하고 〈수-치로-마〉 야귀는 부처님의 곁에 가까이 다가가니, 부처님께서 몸을 피하

시매, 〈수-치로-마〉 야귀가 가로되,

「도를 닦는 자여, 그대는 나를 무서워 하는가?」 하니,

「벗이여, 나는 그대를 두려워하지 않노라. 그러나 나에게 그대의 몸이 닿는 것은 상서롭지 않느니라.」 하시더라. 이에 〈수-치로-마〉 야귀가 가로되,

「도를 닦는 자여, 묻고자 하노니, 만일 그대가 나에게 대답을 못하면 그대의 마음을 혼란케 하여 심장을 찢고, 두 다리를 들어 「간디스」강 저편에 던져버리리라.」 하니, 부처님이 대답하여 가라사대,

「벗이여, 신들(諸神)과 악마와 범천梵天을 포함한 세계에서, 도를 닦는 자와 바라문과 신들, 그리고 인간을 포함한 중생들 가운데서 내 마음을 혼란케 하여 심장을 찢고 두 다리를 들어 「간디스」강 저쪽에 던질 수 있는 자를 나는 찾아볼 수 없노라. 벗이여, 그대가 듣고자 하는 것을 무엇이든지 물으라.」 하시니, 〈수-치로-마〉 야귀는 다음과 같은 노래를 지어 부처님에게 아뢰더라.

(1) 「탐욕과 혐오嫌惡는 어디서 비롯되는가? 또한 쾌·불쾌감과 소름끼치는 일들은 어디서 시작되는가? 여러 가지 망상은 어디서 일어나, 마치 아이들이 까마귀를 날려보내는 것처럼, 이 마음을 산란케 하는가?」

(2) 「탐욕과 혐오는 자기 자신으로터 일어나며, 쾌·불쾌감과 소름끼치는 일들도 자기 자신으로부터 일어나고, 여러 가지 망상 또한 자기 자신으로부터 일어나, 마치 아이들이 까마귀를 날려보내는 것처럼 마음을 산란케 하느니라.

그것들은 애착에서 비롯되고, 자기 자신으로부터 일어나게 되나니, 이는 마치 「바니안」 나무의 가지에서 새로운 어린 싹이 움트는 것과 같으며, 널리 온갖 욕망에 사로잡혀 있는 것은, 마치 풀넝쿨이 숲속에 퍼져 있는 것과 같느니라.

야귀여, 들으라. 번뇌가 일어나는 원인을 아는 자들은 번뇌를 제거하고, 그들은 일찍이 건너간 사람이 없는 사나운 물결을 건너가며, 다시 생존을 누리는 일이 없느니라.」 하시더라.

6. 이법理法에 맞는 행위

(1) 아무리 집을 나와 집 없는 출가자出家者가 되더라도 이법에 맞는 행위, 깨끗한 행위를 가리켜 최상의 보물이라 하느니라.

(2) 만일 그가 난폭한 말을 하며, 남을 괴롭히기를 좋아하는 짐승같은 성격을 갖고 있다면, 그 사람의 생활은 한결 흉악하여, 더욱 자기 자신을 더럽히게 되느니라.

(3) 논쟁을 즐기고 마음이 엇갈리어 사리에 어두운 수행자는, 깨달은 자의 설법說法을 듣고도 모르느니라.

(4) 그는 무명無明에 이끌려, 수양을 쌓은 다른 뭇사람들을 괴롭히며, 번뇌가 지옥에 인도하는 길임을

알지 못하느니라.

(5) 진실로 이러한 수행자修行者는 고난에 빠져, 한 모체로부터 다른 모체로, 암흑에서 암흑으로 다시 태어나니, 죽은 뒤에 괴로움을 받게 되느니라.

(6) 마치 똥통에 시일이 경과함에 따라서 똥이 차듯이, 불결한 자는 깨끗해지기 어려우니라.

(7) 수행자들이여, 이러한 출가자出家者는 집에 의지하는 자이며, 그릇된 욕망에 사로잡혀 삐뚤은 생각을 갖고 옳지 못한 행위를 하며, 나쁜 고장[41]에 이른 자임을 알라.

(8) 그대들은 모두가 화합하여, 그를 배척하라. 곡식 껍질처럼 그를 날려보내고 쓰레기 모양 그를 제거하라.

(9) 그리고 도를 닦는 자가 아닌데도 도를 닦는 자로 자처하고 있는 겨(곡피穀皮 : 곡물의 껍질)들을 제거하라. 그릇된 욕망에 사로잡혀 삐뚤은 생각을 하고,

---

41 창녀娼女, 처녀處女, 과부寡婦, 비구니들이 있는 곳 또는 주점酒店.

옳지 못한 행위를 하며, 나쁜 고장에 이른 그들을 밖으로 밀어내라.

(10) 자신이 깨끗한 자가 되어 서로 동정하며, 또한 깨끗한 자들과 함께 거주하도록 하라. 거기서 사이 좋게 지내며, 총명을 잃지 말고 고뇌를 멸하도록 하라.

7. 바라문다운 것

　내가 듣건대 ─언젠가 부처님께서 「사─밧티─」의 「제─타」 숲, 고독한 사람들에게 음식을 나눠주는 장자長者의 동산에 계실 때, 「코─사라」 나라에 사는 큰 집을 가진 바라문들은 나이를 먹어 노쇠하였지만, 부처님에게 가까이 다가가 묵례를 하고 정다운 인사말을 나눈 뒤에 한켠에 앉아 가로되,

　「세존이시여, 대체 오늘의 바라문은 옛 바라문들이 지킨 계율에 순종하고 있나이까?」

　「바라문들이여, 오늘의 바라문들은 옛 바라문들의 법을 따르지 않고 있노라.」 하시니,

　「그렇다면 부처님께서 별로 지장이 없으면 옛 바라문들이 지킨 법을 저희들에게 말씀해 주소서.」

「그러면 내가 말할터이니 바라문들이여, 잘 들으라.」하시니,

「어서 말씀해 주소서.」하고 큰 집을 거느린 바라문들은 부처님에게 대답하매, 부처님께서는 다음과 같이 말씀하시더라.

(1)「옛 선인仙人은 자기를 억제하는 고행자였나니, 그들은 다섯 가지 욕망[42]의 대상을 버리고 자기의 참된 도리를 이행하였느니라.

(2) 바라문들에게는 가축이나 황금, 그리고 곡식도 없었으나, 「베-다」의 낭독을 재보로 간주하고 곡식으로 생각하여 부라후만[43]의 창고를 지켰느니라.

(3) 그들을 위해 집집마다 문간에 만들어 놓은 음식을 신앙심으로써 바라문들에게 주려고 그 신도들은 생각하였나니,

---

42 전장前章 주석註釋 **26** 참조參照.

43 「부라후만」이란 「베-다」의 말을 의미하였지만, 나중에 신성한 것 혹은 절대자를 뜻하게 되었다.

(4) 여러 가지 색깔로 아름답게 물들인 옷과 침실, 그리고 방들을 많이 갖고 번성을 누리던 여러 지방이나 여러 나라의 사람들은 모두가 바라문에게 경의를 표시하였느니라.

(5) 바라문들은 법의 보호를 받고 있었으므로, 그들을 살해해서는 안 되었으며, 그들보다 뛰어날 수도 없었나니, 그들은 신도들이 집 문간에 서 있는 것을 조금도 방해하지 않았으며,

(6) 이 옛 바라문들은 48년간 동정童貞을 지켜왔고, 참된 앎과 행실을 탐구하였나니,

(7) 바라문들은 다른 종족의 여인을 아내로 삼지 않았으며, 또한 그들은 아내를 사들일 수 없고, 다만 서로 사랑하여 동거하며 단란하게 살았느니라.

(8) 그러나 바라문들은 아내를 가까이 할 수 있는 때에만 접촉하고 월경 때문에 아내를 멀리했을 동안에는 결코 성의 교섭이 없었느니라.

(9) 그들은 그릇된 성행위性行爲를 하지 않고 계율을 지켜, 정직하고 온순하였으며, 고행을 일삼아 온유한 태도를 지니고 살해를 하지 않았으며, 참고 견

디는 것을 찬양하였느니라.

(10) 그들 가운데서 가장 용감하고 견실한 바라문은 실로 성性의 교섭을 꿈에도 생각할 수 없었나니,

(11) 여러 지혜로운 자들은 그들의 본을 받아 그릇된 성행위를 하지 않고 계율을 지키며 참고 견디는 것을 찬양하였느니라.

(12) 그들은 쌀, 금침, 의복, 기름 등을 법에 좇아서 얻어다가 제사를 지내되, 결코 소를 잡는 일이 없었으며,

(13) 소는 부모와 형제 그 밖의 친족들처럼 그들에게 가장 정다운 친구였나니, 소는 또한 그들에게 약藥을 제공해 주었느니라.

(14) 그 약은 식료가 되고, 기력을 북돋아 주며, 피부를 윤나게 하여 주는지라, 소에게 이런 이로움이 있음을 알고 그들은 소를 죽이지 않았느니라.

(15) 바라문들은 손발이 정결하고 몸집이 건장하며, 태도가 단정하고 명성이 있으며, 자기의 임무에 좇아서 해야 할 일을 하되, 해서 안되는 일은 결코 하지 않았나니, 그들이 이 세상에 생존해 있는 동안

에는 세상 사람들이 평화를 누리고 번성하였느니라.

(16) 그러나 이윽고 그들이 그릇된 견해를 갖게 되어, 점차로 왕자王者의 영화와, 옷차림이 화려한 부인들을 눈여겨 보게 되고,

훌륭한 마차와, 아름다운 옷감과, 방마다 화려하게 꾸민 주택들을 부러워하게 되매,

그들은 소가 떼를 지어 살이 오르고, 미인들에게 에워싸인 엄청난 속세의 즐거움을 탐내기에 이르렀도다.

(17) 그리하여 그들은 「베-다」의 신주神呪를 편찬하고자 감자왕甘蔗王[44]에게 가서 가로되, 「그대는 재보와 식량이 풍부하니, 제사를 드리도록 하라.」 하니,

(18) 수레와 병정의 임자인 왕은 바라문들의 권유를 받아 말(馬)과 인간, 척봉擲棒[45]과 소마,[46] 그리고

---

44 옛 대왕大王으로, 석가족釋迦族의 조상祖上.

45 척봉擲棒 : 몽둥이를 버리다.

46 소마(Soma) : 달(月)이라 번역함. 라마과蘿摩科 식물植物. 이 식물로 만든 술은 흥분시키는 힘이 있으므로 그 속에 화

누구에게나 공양供養하는 제사를 드리고, 바라문들에게 재물을 나눠주더라.

(19) 소, 침구, 의복, 성장盛裝한 부녀자, 건장한 말과 좋은 수레, 아름다운 옷감, 그리고 방마다 잘 꾸민 훌륭한 주택에 여러 가지 많은 식량과 함께 이 재물을 바라문에게 주었나니,

(20) 그들은 재물을 얻게 되자 이번에는 이를 저장하기를 원하여, 더욱 재물을 탐내게 되매, 「베 –다」의 신주神呪를 편찬하여 다시금 감자왕甘蔗王에게 가서 가로되,

(21) 「물과 땅, 황금과 재보, 그리고 식량이 중생들의 일용품인 것처럼, 소는 인간들의 일용품이니, 제사를 드리소서. 그대는 재산이 많으니, 제사를 드리소서.」 한즉,

(22) 수뢰와 병정의 임자인 왕은 바라문들의 권유를 받아 수백 수천 마리의 많은 소를 제물로 죽였나니,

신火神이 있다고 믿어, 인도신화印度神話 중에서 지상신地上神의 하나로 여김.

다리나 뿔 그 밖의 무엇으로도 결코 해치는 일이 없는 소는 양처럼 온순하여 독이 넘치도록 젖을 제공하거늘, 왕은 그 뿔을 붙잡고 이를 식칼로 죽였도다.

(23) 소에게 칼날이 떨어지자, 때마침 여러 신들과 조상의 영혼 및 제석천帝釋天[47]과 아수라阿修羅,[48] 그리고 나찰羅刹[49]은 「법도에 어긋나는 짓이로다!」하고 외치더라.

(24) 옛날에는 욕심과 기근飢饉, 그리고 노쇠老衰의 세 가지 병만 있었거늘, 제사를 위해 여러 가지 가축들을 죽였으므로, 아흔여덟 가지의 병이 생기게 되었나니,

(25) 이렇게 법도에 어긋나 살해의 망치를 든다는 것은 예전부터 오늘에 전해왔거니와, 아무런 해도

---

47 제석천帝釋天 : 제석은 도리천忉利天(욕계제육천欲界第六天의 이천二天)의 임금이므로 제석천이라 한다.

48 아수라阿修羅 : 싸우기를 좋아하는 귀신으로 인도에서 가장 오랜 신神의 하나.

49 나찰羅刹 : 지옥에 있는 귀신.

끼치지 않은 소를 살해함으로써, 제사를 지내는 자들은 이법理法을 저버리게 되었도다.

(26) 옛날부터 내려온 이런 좋지 못한 풍습은, 지혜 있는 자들이 탓하는 바이며, 일반 사람들도 이러한 살생을 볼 때마다, 제사 지내는 자들을 비난하게 되었나니,

(27) 이렇듯 법이 짓밟혔을 때, 노예와 서민이 분열되고, 여러 왕족들이 또한 분열되었으며, 아내는 그 남편을 얕보게 되었을 뿐더러,

(28) 왕족과 범천梵天의 친족 바라문 및 종성種姓의 제도에 의해 수호를 받고 있는 다른 사람들도 그들의 태생胎生을 저버리고 욕망의 지배를 받기에 이르렀느니라.」 하시더라.

이렇게 말씀하실 때, 큰 집을 갖고 있는 바라문들이 부처님에게 가로되,

「놀라울진저, 세존이시여. 마치 쓰러진 자를 붙잡아 일으키듯이 뒤덮인 것을 열어젖히는 것처럼, 향방向方을 몰라 헤매는 자에게 길을 인도하는 것과 같

이, 혹은 《눈 있는 자들은 빛을 보리라.》하며, 캄캄한 어둠 속에서 횃불을 치켜드는 양, 부처님께서는 여러 가지로 법法을 밝히셨나니, 저희들은 부처님에게 귀의歸依하며, 또한 진리와 수행승修行僧들의 모임에 귀의 하나이다. 부처님께서는 오늘부터 목숨이 다할 때까지 귀의한 재가在家의 신자로서 저희들을 받아주소서.」하더라.

8. 배(船)

(1) 누구나 다른 사람으로부터 이법理法을 배워서 알게 되었을 때에는, 그 사람을 공경하기를 마치 여러 신들이 「인드라」신을 공경하듯이 해야 하느니라. 학식이 풍부한 자가 존경을 받게 되면 기꺼운 마음으로 그에게 진리를 말하게 될지니,

(2) 현명한 자는 이를 아무쪼록 귀 기울여 잘 들어야 하며, 이법理法에 의한 가르침을 실천에 옮겨, 그런 학식 있는 자에게 애써 가까이하면 자연히 유식한 자가 되고, 사리를 분간할 줄 아는 자가 되며, 또한 총명한 자가 되리라.

(3) 그러나 아직 사물에 대하여 아는 바가 없고 질투심이 많은 소인이나 어리석은 자를 가까이하면,

이법을 분별할 줄 모르게 되며, 의혹에서 벗어나지 못하고 죽음의 길에 이르나니,

(4) 이는 마치 사람이 강물에 빠져 사나운 물결에 휩쓸려버리는 것과 같느니라. 그가 어찌 다른 사람으로 하여금 그 강물을 건너게 할 수 있겠는가.

(5) 이와 마찬가지로 진리를 분별할 줄 모르고 학식이 많은 분으로부터 올바른 것을 물어보지 않으면, 자연히 아는 바가 없게 되고 의혹에서 벗어날 수 없느니라. 그가 어찌 남의 마음을 움직일 수 있겠는가.

(6) 든든한 배를 타고 노와 키(舵:키타:배의 방향을 조정하는 장치)가 갖추어졌을 때, 배 젓는 법을 알고 있는 슬기로운 경험자라면 여러 사람들을 그 배에 태워 강을 건너게 할 수 있나니,

(7) 이와 같이 「베-다」에 상세하고 자기 자신을 수양하여 아는 것이 많고, 흔들리지 않는 굳건한 성격을 갖고 있는 자는 진리를 몸소 알고 있으므로, 그의 말에 귀를 기울이며 단정히 앉아있던 사람들의 마음을 움직이게 되느니라.

(8) 그러므로 실로 지혜 있고 학식이 많은 참된 자와 가까이 사귈지니, 사물의 이치를 알고 이를 실천에 옮기며 진리를 터득한 자는 안락을 얻게 되리라.

9. 도덕道德

(1) 어떤 도덕을 지니며, 무엇을 실천하고 어떤 행위를 많이 하면, 인간은 올바로 안주할 수 있으며, 또 최상의 진리에 도달할 수 있겠는가?

(2) 어른을 공경하고 질투를 일으키지 말며, 적합한 때를 가려 부처님을 찾아 뵙고 법에 관한 좋은 말씀을 정성껏 들으라.

(3) 고집을 부리지 말고 겸허한 태도로 때에 따라 부처님을 찾아보라. 사리事理와 진리, 극기와 깨끗한 행실을 마음속으로 생각하고 또한 이를 실천에 옮기도록 하라.

(4) 진리를 즐기고 진리에 안주하며, 진리의 참뜻을 알고, 진리를 해치는 말을 입 밖에 내지 않도록

할지니, 부처님께서 밝혀주신 진실에 의거하여 살도록 하라.

(5) 히죽거리고 빈정거리며, 서글퍼하고 남을 미워하며, 거짓을 일삼고 에누리하며, 탐욕을 내고 거만을 부리며, 화를 잘 내고 난폭하며, 마음이 때묻고 악에 빠지는 일이 없이 교만을 버리고 스스로 안주하라.

(6) 우리에게 밝혀주신 그 말씀을 듣고 이를 이해하면, 마음의 양식이 되고 이를 깨치면, 정신의 안정을 바로잡는 근원이 되거니와, 이를 게을리하면 그는 지혜도 학식도 얻을 수 없느니라.

(7) 부처님께서 말씀하신 진리를 숭상하는 자들은 가장 좋은 말과 마음씨와 행실을 갖게 되나니, 그들은 안락과 평화와 명상 속에 안주하여 학식과 지혜의 근원에 도달하느니라.

10. 정려精勵

(1) 일어나라, 그리고 단정히 앉아 선禪을 행하라. 잠들어 버리면 그대들에게 무슨 이득이 있겠는가. 화살에 맞아 고뇌에 잠겨 있는 자들에게 잠이 많을 리 없나니,

(2) 일어나라, 그리고 단정히 앉아 선禪을 행하라. 마음의 안정을 얻기 위하여 오직 배우라, 그대가 게으르기 때문에 악마의 힘에 굴복됨으로써, 그대를 미혹迷惑에 빠지게 하지 말라.

(3) 신들과 인간들은 애착에 사로잡혀 욕심을 버리지 못하고 있나니, 이 애착을 초월하라. 얼마 안되는 시간을 헛되이 보내지 말지어다. 시간을 헛되이 보낸 자는 지옥에 빠져 비통한 처지에 이르게 되리

라.

(4) 게으름은 먼지나 때와 상통하나니, 먼지나 때는 게으름에서 일어나느니라. 부지런히 힘써 지혜를 닦아 자기 자신에게 꽂힌 화살을 뽑도록 하라.

11. 라-후라

(1) 부처님이 가라사대, 「〈라-후라〉[50]여, 일상생활의 습성에 젖어 그대는 현자賢者를 경멸하지 않느뇨? 그대는 여러 사람을 위해 횃불을 올리는 자를 존경하느뇨?」

(2) 〈라-후라〉가 가로되, 「저는 일상생활의 습성에 젖어 현자를 경멸하는 일이 없나이다. 저는 여러 사람들을 위해 횃불을 올리는 자를 언제나 존경하고 있나이다.」

(3) 부처님이 가라사대, 「애착을 느끼며 탐을 내는 다섯 가지 욕심의 대상을 버리고, 신앙심으로써

---

50 라-후라(Rahula) : 불타의 외아들.

집을 나와 괴로움을 멸하는 자가 되라.

(4) 좋은 친구와 사귀도록 하라. 사람이 사는 마을에서 멀리 떠나 시끄러운 소리가 적은 곳에 거주하며, 음식의 분량을 알맞게 헤아려서 섭취하라.

(5) 옷과 시여施與된 음식, 그리고 거처할 집에 대하여 욕심을 내지 말며, 다시 속세에 돌아오는 일이 없도록 하라.

(6) 계율의 규정을 지키며, 다섯 감관感官을 보호하여 그대의 육신[51]을 똑바로 보고, 진실로 속세에 염증을 느끼는 자가 되라.

(7) 애욕에 따라 아름답게 보이는 모든 외형적外形的인 것을 버리고 생각을 골똘히 하라. 몸은 부정不淨한 것임을 통찰하고 마음을 하나로 통일하라.

(8) 무상無相에 대하여 생각을 가다듬고, 마음속에 숨어 있는 오만傲慢을 버리라. 그렇게 되면 그대는 그 오만을 멸하고, 마음이 안정된 나날을 보내게 될지니라.」

---

51 육신의 부정不淨함을 똑바로 보는 것.

진실로 거룩한 부처님께서는 〈라 - 후라〉에게 이
렇게 노래를 지어 되풀이하여 가르치시더라.

12. 반기-사

　내가 듣건대-언젠가 부처님께서 「아-라비-」의 「앗가-라바」 영수靈樹[52] 아래 계실 때, 〈반기-사〉[53]의 스승으로 〈니그로-다캅파〉라는 장로長老가 「앗가-라바」 영수 아래서 세상을 떠난지 얼마 되지 않은지라, 〈반기-사〉는 홀로 깊은 상념에 잠겨 「나의

---

52 앗가- 라바의 영수靈樹 : 영수靈樹란 불타 이전에는 야귀 夜鬼나 용신龍神의 거처였지만, 불타가 세상에 나와 이를 무찔러버리고 사원寺院을 세웠으므로 사원寺院을 말하는 것이라고 하여, 한역漢譯으로는 묘廟 또는 탑묘塔廟라고 하지만, 영수靈樹가 건물을 뜻하게 된 것은 후대後代의 일. 「숫타니파-타」에는 사원寺院이나 묘廟에 대해 언급한 대목이 없다.

53 반기- 사(Vangisa) : 말재주가 가장 뛰어난 불타의 제자.

스승은 정말 돌아가셨을까, 혹은 아직도 생존해 계시지는 않을까?」하고 생각하다가, 저녁때가 되어 자리에서 일어나 부처님이 계신 곳에 이르러 인사를 마치고 한켠에 앉아 가로되,

「세존이시여, 제가 홀로 앉아서 깊은 상념에 잠겨 있을 때, 《나의 스승은 참말로 돌아가셨을까, 혹은 아직도 살아계실까?》하는 생각이 들었나이다.」이렇게 말하고 〈반기-사〉는 자리에서 일어나, 왼쪽 어깨에 옷을 걸치고 부처님에게 합장한 뒤, 다음과 같은 노래를 지어 아뢰더라.

(1) 「이 세상에서 여러 가지 의혹을 물리치시고 엄청난 지혜를 지니신 부처님에게 묻고자 하나이다. 세상에 널리 알려져 이름 있고 마음의 평화를 얻게 된 수행자가 「앗가-라바」에서 세상을 떠났거니와,

(2) 부처님께서는 일찍이 그 바라문에게 〈니그로-다캅파〉라는 이름을 붙이셨나이다. 오로지 진리를 통찰해 오신 세존이시여, 그는 부처님을 배례하며, 해탈을 구하여 꾸준히 힘써 왔나이다.

(3) 세존이시여, 널리 세상을 보살피시는 분이여, 저희들은 부처님의 그 제자의 일에 대하여 알고자 하나이다. 저희들의 귀는 열려 있나이다. 부처님께서는 저희들의 스승이시며, 세상에 둘도 없는 어른이시니,

(4) 저희들의 의혹을 풀어주소서. 지혜로 충만되신 분이여, 그가 정말로 세상을 떠났는지, 천 개나 되는 눈을 가진 제석천帝釋天이 여러 신들에게 설법說法하듯이, 이를 저희들에게 말씀해 주소서. 널리 세상을 보살피는 어른이시여,

(5) 이 세상의 모든 속박은 미망迷妄[54]에의 길이요, 무지로 말미암아 의혹에서 비롯되는 것으로서 부처님을 만나뵈오면 모조리 없어지나니, 이는 부처님께서는 인간을 위한 가장 밝은 눈을 갖고 계시기 때문이오며,

(6) 바람이 짙은 구름을 쓸어버리듯이 부처님께서 번뇌의 때를 씻어버리지 않으면, 온 세상은 암흑으

---

54 미망迷妄 : 사리에 어두워 실제로는 없는 것을 있는 것처럼 생각하는 일.

로 뒤덮이고 광채 있는 자[55]들도 빛나지 않으오리다.

(7) 저는 부처님께서 세상을 밝게 비쳐주시는 분이라고 간주하오며, 또한 사물을 여실히 통찰하시는 분인줄로 알고 가까이 닦아왔나이다. 저희들을 위해 여럿이 듣는 데서 〈니그로-다캅파〉에 대한 것을 분명히 알려주소서.

(8) 어서 그 아름다운 목소리를 들려주소서. 백조白鳥가 목을 치켜들고 서서히 노래하는 것 같은 그런 밝은 목소리를 들려주소서. 저희들은 모두 잡념을 물리치고 귀를 기울이겠나이다.

(9) 삶과 죽음을 모조리 버리시고, 악을 털어버리신 부처님에게 간청하여 마땅히 그 가르침을 들을지니, 이는 평범한 자들은 알고자 하거나 말하고자 하는 것을 능히 뜻대로 할 수 없지만, 부처님께서는 이를 잘 헤아려서 얼마든지 할 수 있기 때문인가 하나이다.

(10) 여태끼지 말씀드린 것이 사실임은 참으로 지

---

55 지혜에 빛나는 자著.

혜있는 자이신 부처님으로 말미암아 입증되겠거니와, 저는 이 마지막 합장을 보내나이다. 스스로는 알고 계시면서, 이를 입 밖에 내지 않음으로써 저희들로 하여금 생각이 엇갈리게 하지 마옵소서. 지혜로 뛰어나신 이여.

(11) 소중한 이법理法을 낱낱이 알고 계시면서 저희들의 생각을 엇갈리게 하지 마옵소서. 한여름의 모진 더위에 목마른 자가 물을 구하는 것처럼, 저는 부처님의 말씀을 듣고자 하오니, 비가 주룩주룩 내리듯이 말씀해 주소서.

(12) 〈캅파－야나〉[56]가 깨끗한 행동으로써 달성하려던 목적은 헛된 일이었나이까, 혹은 그는 해탈한 사람처럼 소멸되었나이까. 그렇지 않으면, 생존의 근원을 남기고 있나이까, 저희들은 그것을 알고자 하나이다.」

(13) 부처님이 대답하여 가라사대, 「그는 이 세상

---

56 캅파－야나(Kappayana) : 〈니그로－다캅파〉를 존경하여 하는 말.

의 모든 명칭과 형태에 관한 애착을 버렸으며, 오랫
동안 빠져 있던 악마의 시궁창에서 벗어났느니라.」
하고 다섯 사람[57] 가운데 가장 어른이신 부처님은 말
씀하시더라.

(14)「제7[58]의 선인仙人이시여, 부처님의 말씀을
듣고 저는 기뻐하여 마지않노니, 저의 물음은 이로
써 헛되지 않았나이다.

(15) 부처님의 제자 〈니그로–다캅파〉는 말씀하
신대로 실천하고 사람을 속이는 죽음의 마귀가 펼친
견고한 그물(網)을 찢어버렸으며,

(16) 〈캅파〉는 헛된 집념執念의 뿌리를 발견하고,
가장 건너기 어려운 죽음의 세계를 초월한 것으로
알겠나이다.」

---

57 다섯 사람 : 불타가 도를 깨치고 나서, 최초에 설복한 가
　　르침을 들은 다섯 사람의 수행자를 말함.
58 석가여래의 별호.

13. 올바른 편력遍歷

(1)「지혜가 많고 사나운 물결을 건너, 피안에 도 달하여 완전한 열반涅槃을 얻고 마음의 평화를 누리 는 성자에게 묻고자 하나이다. 집을 나와 여러 가지 욕망을 버린 수행자는 어떻게 하여 세상을 올바로 편력遍歷[59]하게 되나이까.」

(2) 부처님이 대답하여 가라사대,「길흉을 가리는 점占, 천지이변天地異變을 헤아리는 점, 상점相占[60]을 그만두고, 길흉의 판단을 모두 저버린 수행자修行者 는 세상을 올바로 편력하게 될지니라.

---

59 편력遍歷 : 널리 각지를 돌아다님.

60 지팡이나 옷 모양으로 앞으로 일어날 일을 판단하는 점占.

(3) 수행자가 삶(生存)을 초월하여 참된 이치(理法)를 깨치고 인간세계와 하늘나라(天界)의 여러 가지 향락에 대한 탐욕을 억제하면, 그들은 세상을 올바로 편락하게 될지니라.

(4) 수행자가 거짓을 일삼는 두 혓바닥을 동댕이치고, 분노와 사물에 대한 애착에서 떠나, 역경과 순경에 대한 집념을 벗어나면, 그들은 세상을 올바로 편력하게 될지니라.

(5) 좋아하는 것과 언짢아하는 것을 모두 버리고, 그 무엇에도 애착을 갖지 말며 이를 돌보지 않고 온 깃 속박에서 빗어나면, 그는 세상을 올바로 편력하게 될지니라.

(6) 그가 삶을 이루고 있는 요소要素들 가운데서, 견고한 실체實體를 인정치 않고, 애착을 느끼는 온갖 것에 대한 탐욕을 억제하고 이를 돌보지 않으며, 다른 것에 이끌리지 않으면, 그는 세상을 올바로 편력하게 될지니라.

(7) 말과 마음, 그리고 행위에서 어긋남이 없고, 법을 옳게 알아 열반涅槃의 경지를 희구한다면, 그는

세상을 올바로 편력하게 될지니라.

(8) 수행자가 《그는 나를 숭배한다.》고 생각하여 존대한 마음을 갖지 말고, 비난을 받아도 개의하지 말며, 남들이 먹을 것을 갖다 주었다고 해서 교만을 부리지 않으면, 그는 이 세상을 올바로 편력하게 될지니라.

(9) 수행자가 탐욕과 삶에의 욕망을 버리고, 다른 중생들의 목숨을 베거나 몸을 묶는 일이 없이, 의혹을 초월하여 번뇌의 화살을 빼버리면, 그는 세상을 올바로 편력하게 될지니라.

(10) 수행자가 자기에게 알맞는 것을 알고 세상에서 아무것도 해치지 않으며 참으로 이법理法을 알고 있으면, 그는 세상을 올바로 편력하게 될지니라.

(11) 아무런 헛된 집념도 없고 악의 뿌리가 송두리째 빠져, 더 이상 바라지 않고 구하는 일도 없으면, 그는 세상을 올바로 편력하게 될지니라.

(12) 번뇌의 때를 말끔히 씻어버리고 거만을 모르며, 온갖 탐욕의 길을 초월하여, 스스로 억제하고 안주하기에 이르러 마음의 평화를 누린다면, 그는 세

상을 올바로 편력하게 될지니라.

(13) 믿음이 두텁고 학식이 풍부한 현자가, 궁극의 경지에 이르는 올바른 길을 발견하여, 여러 당파 속에 있으면서 결코 당파에 맹종하지 않고, 탐욕과 혐오嫌惡의 분노를 억제하면, 그는 세상을 올바로 편력하게 될지니라.

(14) 깨끗한 행위에 의하여 번뇌를 극복한 승리자로서 음폐陰蔽[61]된 온갖 것을 제거하여 모든 사물을 지배하고 피안에 도달하여 마음이 흔들리는 일이 없이 삶(生存)을 이루는 여러 가지 요소를 분명히 터득하면, 그는 세상을 올바로 편력하게 될지니라.

(15) 지난날의 꿈이나, 미래에 대한 헛된 기대를 초월하여 지혜가 맑고, 변화하는 모든 삶의 영역에서 벗어나면, 그는 세상을 올바로 편력하게 될지니라.

(16) 궁극의 경지境地를 알며 참된 이치를 깨닫고, 번뇌에 더럽히는 일이 없음을 확인하여 삶을 이루는

---

61 음폐陰蔽 : 깊숙히 숨기다.

모든 요소要素를 멸하기 때문에 그는 세상을 올바로 편력하게 될지니라.」

(17)「세존이시여, 진실로 말씀하신 대로이다. 그렇게 살며 스스로 억제하는 수행자는 모든 속박에서 벗어나 있나니, 그는 세상을 올바로 편력하게 되리라고 생각하나이다.」

14. 단미카

　내가 듣건대-언젠가 부처님께서 「사-밧티-」의 「제-타」 숲, 고독한 자들에게 음식을 나눠주는 장자長者의 동산에 계실 때, 〈단미카〉라는 집에 머물러 있는 신자(在俗信者)가 오백 명의 같은 신자들과 함께 부처님의 곁에 다가가 인사를 드리고, 한켠에 앉아 다음과 같은 노래를 지어 부처님에게 아뢰더라.

　(1)「세존이시여, 묻고자 하거니와 이법의 가르침을 듣고자 하는 자로서, 집을 버리고 나오는 신도와, 집에 머물러 있는 신도의 그 어느 편을 취해야 하나이까?

　(2) 부처님께서는 신들(諸神)을 포함한 세계의 참

된 모습과 구경의 목적을 알고 계시와, 미묘한 사리
事理를 보는 데 부처님을 따를 분이 없으니, 세상 사
람들은 부처님을 가리켜 위대하신 선각자라고 부르
나이다.

(3) 부처님께서는 널리 진리를 입증하시고, 모든
중생을 불쌍히 여기시며, 지혜와 세상의 참된 이치
(理法)를 가르치시고, 세상에 뒤덮여 있는 것을 열어
젖히시며, 나쁜 데 물들지 않고 온세상을 밝히나이
다.

(4) 〈에-라-바나〉[62]라는 상왕象王은 부처님이 승
리자라는 말이 들리기에 부처님을 찾아가 설법을 듣
고는 《훌륭하도다.》하고 기꺼이 자리에서 떠났나이
다.

(5) 비사문천왕毘沙門天王[63]인 〈쿠베-라〉도 가르
침을 받으러 부처님을 찾아왔는데 그때에도 부처님
의 설법에 그는 기쁨을 감추지 못했나이다.

---

62 최고의 신神 인도라의 코끼리.

63 비사문천왕毘沙門天王 : 북방北方의 수호守護와 사람에게
　　복과 덕을 주므로 북방천北方天이라고도 함.

(6) 「아 - 지 - 비카」교도[64]나, 「쟈이나」교도[65]는 물론, 논쟁을 일삼는 어떠한 이교도의 주장도, 마치 서 있는 자가 달려가는 자를 쫓아갈 수 없는 것과 같이 지혜로운 부처님보다 뛰어날 수 없었나이다.

(7) 논쟁을 일삼는 노년, 중년, 혹은 청소년의 바라문이나, 그 밖의《나야말로 참된 논객이니라.》하고 자부하는 다른 사람들도 모두가 부처님으로부터 배워서 이득利得을 보려고 하나이다.

(8) 부처님께서 밝혀 주신 이법은 깊고 오묘하며, 또한 평안을 가져오나이다. 바라노니, 저희들에게 설법해 주소서. 세상에서 가장 고매하신 분이여.

(9) 이들 집을 나온 수생자들과 집에 머물러 있는 신자들은 부처님의 가르침을 듣고자 여기 모였나이다. 마치 여러 신들이 「인도라」신의 이야기를 듣는 것처럼, 부처님께서 몸소 깨치시고, 잘 밝혀주시는

---

64 「아-지비카」교教 : 불타와 같은 시대의 고-사-라(Gosala) 가 창시한 종교.

65 「자이나」교教 : 역시 불타와 같은 시대의 마하-비-라 (Mahavira)가 창시한 종교로 오늘도 남아 있음.

설법을 들어야 하겠나이다.」

(10) 부처님이 대답하여 가라사대, 「수행자들이여, 들으라, 번뇌에서 벗어나는 참된 이치를 그대들에게 말하려고 하니, 그대들은 저마다 이를 명심하라. 인생의 의의를 통찰하는 지혜로운 자는 출가자出家者다운 행동을 익히도록 해야 하느니라.

(11) 수행자는 때가 아닌데 나돌아다니지 말아야 하며, 정한 시간[66]에 탁발托鉢을 위해 마을로 나가야 하나니, 이는 때가 아닌데 나돌아다니면 집념執念에 사로잡히기 때문이니라. 그러므로 깨달은 자는 때가 아닌데 나돌아다니지 않느니라.

(12) 보고, 듣고, 맛보고, 냄새 맡고, 만질 수 있는 모든 것은 인간을 매혹시키나니, 이것들에 대한 욕망을 억제하고 정한 시간에 탁발托鉢을 위하여 마을로 들어가라.

(13) 그리하여 수행자는 정한 시간에 시여施與하는 음식을 얻고 혼자 물러서 그늘에 앉으라. 자기를

---

66 때가 아닌데 : 정오가 지난 뒤.
　　정한 시간 : 오전 중.

억제하고 안으로 생각을 돌려, 마음을 밖에 내보내
지 말라.

(14) 만일 가르침을 들으려는 일반 사람이나, 다
른 수행자들과 함께 이야기할 기회가 있으면 그에게
훌륭한 진리를 제시해 주고, 결코 남을 이간시키거
나 비난하는 말을 하여서는 안 되느니라.

(15) 흔히 자기를 비난하는 말에 곧잘 반박하거니
와, 이들 조그마한 지혜를 지닌 자들을 우리는 결코
찬양할 수 없나니, 그들은 서로 논쟁을 고집하게 되
어 자기 자신을 속박하며, 각자의 마음을 밖으로 멀
리 떠나보내게 하느니라.

(16) 지혜가 뛰어난 자의 제자는 그 설법說法을 듣
고, 음식과 거처를 깨끗이 하며 침구와 대의大衣[67]의
때를 잘 씻도록 하라.

(17) 그러므로 수행자는 음식과 침구와 대의의 먼
지를 제거하기 위한 물에 대하여 집착하여도, 결코
이에 더럽혀지는 일이 없나니, 이는 마치 연잎에 담

---

67 대의大衣 : 출가出家한 승려僧侶가 입는 옷의 일종.

긴 물방울과 같느니라.

(18) 다음에 집에 있는 자(在家者)들의 임무에 대하여 말하거니와, 내가 말한 바를 실천에 옮기는 자는 훌륭한 가르침을 명심하는 자이니라. 그러나 번거로운 소유욕所有慾에서 벗어나지 못한 자가 집을 나온 수행자에게 관한 규정을 잘 지킨다는 것은 손쉬운 일이 아니니라.

(19) 생명 있는 것을 손수 해쳐서는 안되며, 또한 남을 시켜 죽이게 하여서도 안될 뿐만 아니라, 사납거나 또는 겁이 많은 모든 중생에 대하여 남들이 폭력을 행사하여 이를 살해하는 것을 묵인해서도 안 되느니라.

(20) 다음에 그대들은 자기에게 없는 것은 무엇이든지 또 어디 있든지 간에 남의 소유임을 알고 이를 손에 넣으려고 하지 말라. 또한 다른 사람이 갖는 것도 용납치 말아야 하나니, 누구나 자기 손에 없는 것을 가져서는 안 되느니라.

(21) 지혜로운 자는 음탕한 행위를 피하기를, 마치 빨갛게 달은 숯불을 피하듯 하라. 만일 음탕한 행

위를 바로잡지 못할진댄 적어도 남의 아내를 범해서
는 안 되느니라.

(22) 모임이나 집단 속에서 남에게 거짓말을 하여
서는 안되며, 다른 사람을 시켜 거짓말을 하게 하거
나, 또 다른 사람이 거짓말을 하는 것을 묵인해서도
안 되느니라.

(23) 술을 마시지 말라. 이 가르침에 기꺼이 따르
려는 재가자在家者는 술이 사람을 취하게 함으로써
정신을 앗아가는 줄 알고 남에게 술대접을 하여도
안되며, 남이 술을 마시는 것을 묵인하여도 안 되느
니라.

(24) 어리석은 자들은 술에 취하여 악에 물들며,
또한 남들을 게으르게 만들어 역시 악을 저지르게
하나니, 이러한 불행이 일어나지 못하도록 사전에
이를 막으라. 술은 사람을 취하게 하여 정신을 흐리
게 하거늘, 어리석은 자는 이를 즐기느니라.

(25) ① 생명 있는 것[68]을 해치지 말라. ② 자기에

---

68 특히 인간을 가리킴.

게 없는 것을 손에 넣으려고 하지 말라. ③ 거짓말을 하지 말라. ④ 술을 마시지 말라. ⑤ 음탕한 짓을 하지 말라. ⑥ 밤참을 먹지 말라. ⑦ 꽃다발을 갖거나 향수를 사용하지 말라. ⑧ 땅 위에 마련한 잠자리에 들도록 하라. 이것이야말로 여덟 가지의 부분으로 된 「우포 – 사타」[69]이며, 괴로움에서 벗어난 불타가 널리 가르치시는 바이니라.

(27) 그리하여 각각 그 달의 절반인 제14일과 제15일, 그리고 제8일에 「우포 – 사타」를 올리고, 또 특별한 달[70]에는 깨끗한 마음씨로 여덟 가지 부분으로 된 원만한 「우포 – 사타」를 올리도록 하라.

(28) 「우포 – 사타」를 올린 자는 다음날 이른 아침에 수행자들에게 맑고 깨끗한 마음씨로 음식을 적당히 제공하라.

(29) 법에 좇아서 얻은 재물로 부모를 부양하고

---

69 전장前章 주석註釋 **23** 참조參照.

70 특별한 달은 1, 2, 3월 또는 5, 6월과 9, 10월 등 이설異說이 많음.

정당한 장사[71]를 하라. 애써 이렇게 살아가는 재가자
在家者는 죽은 뒤에《스스로 빛을 낸다.》는 이름을
가진 신들(諸神)과 함께 태어나느니라.」

---

71 무기武器, 생물, 고기, 술 독毒의 매매를 제외한 장사를 말
함. 일설一說에는 무기武器대신에 인간매매人間賣買를 지
적함.

제**3**장

대
장 大
章

1. 출가出家

(1) 나는 부처님께서 무슨 생각으로 기꺼이 출가를 하시게 되었는가[72]에 대하여 이야기하리로다.

(2) 부처님께서는 「집에 머물러 있는 생활은 비좁고 갑갑하며, 번거롭고 거치장스럽게 마련이지만 집을 나온 생활은 넓은 야외에서 영위하게 되므로 번거러움이 없다.」는 견지에서 출가하셨느니라.

(3) 출가하신 뒤에는 육신에 의한 악행惡行은 물론이고, 말(言辭)에 의한 악행도 버리게 되어, 깨끗한 생활을 하시게 되었느니라.

(4) 부처님께서 「마가다」 나라 서울의 왕사성王舍

---

72 부처님께서는 무슨 생각으로 기꺼이 출가하시게 되었는가 : 불타의 시종인 〈아-단나〉가 한 말이라고 함.

城에 행차하셨나니, 이는 훌륭한 상相을 지니신 부처님께서 탁발托鉢을 하기 위함이니라.

(5) 「마가다」왕 〈빈비사 -라〉는 높은 전당 위에 나아가 이 뛰어난 상을 지니신 부처님을 보고 신하에게 가로되,

(6) 「신하들이여, 이 사람을 보라. 용모가 아름다울 뿐만 아니라 몸집이 크고 깨끗하며, 행실이 단정하여 눈앞을 바라볼 따름이로다. 그 거동으로 보아 이 사람은 천한 가문의 출신이 아닌 모양이니, 어서 달려가 그 수행자가 어디로 가는지 알아 보라.」[73]

(7) 이리하여 파견된 왕의 신하들이 그의 뒤를 따르며 이르되, 「이 수행자는 어디로 가려느뇨? 또 그는 어디에 살고 있느뇨?」 하더라.

(8) 그는 모든 감관感官을 억제하여, 이를 잘 다스

---

73 인생人生 제4기의 편력수행자遍歷修行者에 대하여는 「생물生物을 완전히 보호하기 위하여 밤낮을 가리지 않고, 비록 몸이 고통스럽더라도, 언제나 지상을 잘 살피며 순행巡行할지니라.」(마누법전法典, 제6편, 제68시詩)에서 비롯된 행동.

리는 한편, 올바른 자각을 갖고, 집집마다 다니며 음식을 구하시더니 삽시간에 그 바리를 가득 채우시더라.

(9) 부처님께서는 탁발托鉢을 마치시고, 서울의 교회에 나와, 「판다바」산에 가시니, 이는 그가 거기 살고 계셨기 때문이니라.

(10) 부처님께서 거처하는 곳에 접근하신 것을 보고, 왕의 신하들은 그에게 다가가는 한편, 그중에서 한 신하가 왕에게 돌아가 보고하여 가로되,

(11) 「대왕이시여, 이 수행자는 「판다바」산 앞에 있는 동굴 속에 호랑이나 황소 또는 사자처럼 앉아 있나이다.」 하니,

(12) 사신의 말을 듣자, 쿠샤트리아(빈비사-라왕)는 화려한 수레를 타고 급히 「판다바」산으로 행차하더라.

(13) 〈쿠샤트리아〉왕은, 수레가 갈 수 있는 데까지 타고 가서, 수레에서 내려 부처님에게 가까이 다가가,

(14) 기꺼운 얼굴로 인사말을 나누고 가로되,

「그대는 앞날이 양양한 젊은이로, 용모도 단정하여 가문이 높은 〈쿠샤트리아〉 왕족과 흡사하도다.

그대에게 코끼리의 무리를 앞장세운 정예부대精銳部隊와 재물을 보내고자 하니 이를 받아달라. 묻노니, 그대는 어느 가문의 출신인가?」 하니,

(15) 부처님이 대답하시되, 「임금이여, 저쪽 설산(히마라야)의 중턱에 한 겨레가 있나니, 자고로 그들은 「코-사라」 나라의 주민으로 재물과 용기를 아울러 지니고 있노라.

성은 《태양의 후예》라고 하고, 종족으로 말하자면, 석가족이라고 하며, 나는 그 가문에서 태어난 자로서 모든 욕망을 저버렸노라.

욕망 속에는 우환이 깃들어 있는지라. 집을 나와 홀로 멀리 떠나 있는 것이 마음 편한 줄 알고, 애써 수양에 힘쓰기를 즐기노라.」 하시더라.

2. 정려精勵[74]

(1) 「네-란쟈라-」 강가에서, 오로지 수양에 힘쓰며, 명상에 잠긴 부처님에게, 악마 〈나무치〉[75]는 위로의 말을 던지며 가까이 다가와 이르되,

「그대는 몸집이 매마르고 얼굴색도 나쁘니 얼마 안가서 곧 죽게 되리라.

그대가 죽지 않고 살아날 희망은 천에 하나나 될가말까이니, 애써 살아날 마련을 하는 것이 좋으리로다. 목숨이 살아야 여러 가지 선행도 할 수 있지 않는가.

---

74 정려精勵 : 힘을 다하여 부지런히 일함.

75 나무치(Namuci)는 악마로 인도라신神과 싸워서 정복되다.

그대가 「베-다」를 숭상하는 자로서 깨끗한 행동을 하며, 성화聖火[76]에 공물供物을 드려야만, 많은 공덕을 쌓을 수 있거늘, 고행에 힘쓴들 무슨 소용이 있으랴.

꾸준히 노력해야 하는 길은 어렵고 또 이에 도달하기가 힘드니라.」 이렇게 노래를 지어 읊조리고 나서, 악마는 부처님의 곁에 멈춰서더라.

(2) 그 악마가 이렇게 말을 마치니, 부처님이 가라사대, 「게으른 자여, 악한 자여, 너는 속세의 훌륭한 사업을 위해 여기 왔지만, 나는 속세의 훌륭한 사업을 조금도 요구하지 않으니, 너는 그런 사업을 일으켜 공덕功德을 바라는 자들에게 말함이 좋으리로다.

(3) 나에게는 신앙이 있고, 참을성이 있으며, 또한 지혜가 있나니, 너는 어이하여 이렇게 힘써 노력하는 나에게 목숨에 관한 것을 묻느뇨?

(4) 나의 줄기찬 노력으로 하여 일어나는 이 바람

---

76 불을 피워 그 속에 우유, 기름, 죽 같은 것을 부어 화신火神을 제사지냄.

은 개울물도 매마르게 하리니, 오로지 마음을 다하여 수도에 힘쓰고 있는 내 몸의 피가 어찌 매마르지 않겠느뇨.

(5) 몸의 피가 매말라버리면, 담즙이나 가래도 따라서 매마를지니, 살점이 줄어들면 마음은 점점 맑아지며, 내 상념想念과 지혜와 통일된 마음은 더욱 안주하게 되리로다.

(6) 나는 이렇게 안주하여, 가장 큰 고통[77]을 달게 받고 있으므로, 내 마음은 여러 가지 욕망에 사로잡히는 일이 없나니, 이 몸과 마음의 깨끗함을 보라.

(7) 너의 첫 번째 군대는 욕망이고, 두 번째 군대는 남을 미워함(嫌惡)이며, 세 번째 군대는 배고픔이요, 네 번째 군대는 애착이라 이르니라.

(8) 너의 다섯 번째 군대는 우울과 잠(睡眠)이며, 여섯 번째 군대는 공포恐怖이고, 일곱 번째 군대는 의혹이요, 여덟 번째 군대는 허영과 고집이니라.

(9) 그릇된 수단으로 얻은 이득과 명성, 존대와 영

---

[77] 고행苦行을 말함.

예, 그리고 자기를 치켜세우고 남을 경멸함은,

〈나무치〉여, 이것들은 너의 군대, 즉 검은 악마의 공격군이니라. 용기가 없는 자는 이를 물리칠 수 없으나, 용기 있는 자는 이를 물리치고 즐거움을 얻게 되느니라.

(9) 이러한 내가 「문쟈」[78] 풀을 입에 물고 적에게 항복하겠느뇨? 나는 이 세상의 생활에는 염증이 났도다. 패배敗北하고 살아가느니, 차라리 싸워서 죽어가는 것이 나으리니,

(10) 어떤 수행자(比丘)는 너의 군대에게 멸하여 자취를 감추고, 덕이 있는 자들이 가는 길도 알지 못하거니와,

(11) 그 군대가 사방을 에워싸고, 악마가 코끼리를 타고 돌아다니는 것을 본 나는 이제 이를 맞아 싸우리로다. 너는 결코 나를 이 고장에서 물러서게 못

---

78 고대古代 인도印度에서는 「문쟈」풀을 입에 문다는 것은 항복의 의사표시意思表示였다.(M. Winternitz; Geschichte der indischen Literatur. Bd. Ⅲ. S, 531)

할지니라.

(12) 세상 사람들은 물론 신들도 너의 군대를 무찌를 수 없지만, 나는 마치 아직 불에 굽지 않은 흙 사발을 돌로 깨듯이, 너의 군대를 지혜로써 격파하리라.

그리고 나는 스스로 깊이 느끼는 바를 옳게 바로 잡아, 건전한 사상으로 널리 제자들을 인도하며, 이 나라에서 저 나라로 두루 돌아다니리라.

(13) 그들은 오로지 내 가르침을 실제로 행동에 옮기기에 꾸준한 노력을 게을리하지 않노라. 이리하여 드디어 그들은 두려움이 없고, 모든 욕심에서 벗어난 경지에 이르게 되리라.」 하시더라.

(14) 이에 악마가 이르되, 「나는 7년 동안이나 그대가 가는 곳마다 그 뒤를 한 걸음 한 걸음 따라다녀 왔지만, 제정신을 똑바로 차리고 있는 자에게는 호소할 여지가 없었나니,

이는 마치 까마귀가 바위를 보고《저것은 얼마나 연하고 또 맛이 좋을까!》하여 그 주위를 빙빙 돌고 있는 것과 같느니라.

거기서 맛있는 것을 얻지 못하고, 날라가버린 까마귀처럼 나는 고-타마(불타)[79]에게 염증이 나 그만 돌아가 버리노라.」

(15) 그때 우울에 잠겨 어깨가 처진 악마의 겨드랑이에서 거문고가 탁하고 떨어지더니, 야귀夜鬼는 기가 죽어서 그 자리에서 도망쳐 버리더라.

---

79 여기 묘사되어 있는 〈고-타마〉는 전설과 대조하여 생각해 보건대, 성불成佛 이전의 불타佛陀가 악마와 싸웠음을 말함.

3. 훌륭한 설법說法

내가 듣건대-언젠가 부처님께서 「사-밧티-」의 「제-타」 숲에서 고독한 자들에게 음식을 나눠주는 장자長者의 동산에 계실 때, 부처님이 도를 닦는 여러 사람들에게 이르시되,

「도를 닦는 자들이여!」 하고 부르니, 이들은

「거룩한 세존이시여!」 하고 호응하더라. 이에 부처님이 가라사대,

「도를 닦는 자들이여, 네 가지 특징을 지닌 말은 훌륭한 설법說法이며, 결코 그릇된 가르침이 아니니라. 그런데 여러 지혜로운 자들이 들어도 흠잡을 데가 없는 그 네 가지 특징을 지닌 말은 무엇이겠느뇨? 도를 닦는 자들이여, 여기 도인道人이 훌륭한 가르침

만을 말하고, 그릇된 가르침을 말하지 않으며, 참된 이치(理法)만을 말하고, 그릇된 이치를 말하지 않는 동시에, 정다운 말만 하고 정답지 않는 말은 하지 않으며, 또한 진실만을 말하고 허망한 말을 하지 않는 다면, 도를 닦는 자들이여, 이 네 가지 특징을 지니고 있는 말은 훌륭한 설법이며, 결코 그릇된 이야기가 아닐지니, 따라서 여러 지혜로운 자들이 들어도 흠잡을 데가 없느니라.」 하시고 다시금 다음과 같이 설법하시더라.

(1) 선량한 사람들은 가장 훌륭한 설법說法을 해야 하나니, 이는 첫째로 명심할 일이니라. 참된 이법理法을 말하고 그릇된 이치를 말하지 말지니, 이는 둘째로 명심할 일이니라. 정다운 말을 하고, 정답지 않는 말을 하지 말지니, 이는 셋째로 명심할 일이며, 진실을 말하고 망령된 말을 하지 말지니, 이는 넷째로 명심할 일이니라.

그때 〈반기-사〉 장로長老는 자리에서 일어나, 옷

을 한쪽 어깨에 걸치고 부처님이 계시는 곳을 향해 합장하고 나서 가로되,

「세존이시여, 문득 생각나는 것이 있나이다.」하니,

「기억을 잘 더듬어 말해보라, 〈반가-사〉여.」하고 말씀하시매, 그는 부처님 앞에 나아가 적당한 노래를 지어 부처님을 찬양하더라.

(2) 「자기를 괴롭히지 않고, 남을 해치지 않는 말만을 해야 하나니, 이는 진실로 훌륭한 설법說法이니라.

(3) 정다운 말만을 할지니, 이는 환영을 받으리라. 귀에 거슬리는 말을 하지 말고, 남을 즐겁게 하는 말만을 할지어다.

(4) 진실은 참으로 영원토록 남는 말이며, 불멸의 법칙이니라. 선량한 자들은 진실과 진리와 이법理法에 안주하고 있느니라.

(5) 평안平安에 도달하고 괴로움을 소멸시키기 위하여 불타께서 가르치신 정당한 말씀은, 실로 모든 말 가운데서 가장 존귀하나니라.」

4. 순다리카 · 바-라드바-쟈[80]

내가 듣건대-언젠가 부처님께서 「코-사라」 나라의 「순다리카-」 강가에 살고 계실 때, 바라문인 〈순다리카 · 바-라드바-쟈〉가 「순다리카-」 강가에서 성화聖火를 올려 제사를 지내더라. 그는 불에 대한 공양供養을 드리고 자리에서 일어나 사방을 두루 살피면서 이르되,

「이 공물供物의 나머지를 누구에게 주면 좋으랴.」

하더니, 그는 거기서 얼마 떨어지지 않은 곳에 부처님께서 어떤 나무 아래 머리까지 옷을 푹 쓰고 앉아계신 것을 보고, 왼쪽 손에 그 공물供物의 나머지를,

---

80 마지막 산문散文의 부분은 제1장 배암의 장章 제4절 「밭을 가는 바-라드바-쟈」와 같음.

그리고 바른 손에 물병을 들고 부처님이 계시는 곳으로 가까이 다가가니, 부처님은 그 발자욱 소리를 듣고서 머리에 썼던 옷을 아래로 내리시더라. 이에 바라문인 〈순다리카 · 바 – 라드바 – 쟈〉가,

「이 분은 머리를 깎고 있으니, 이발사임에 틀림이 없으리라.」하며 거기서 되돌아가려다가 다시 생각하기를,

「머리를 깎고 있다 하더라도, 이 세상에서 가끔 찾아볼 수 있는 바라문일지도 모르는 일이니, 그에게 다가가 가문을 물어보리라.」하고 부처님에게 가까이 다가가 가로되,

「그대는 어느 가문의 태생인지 알고자 하노라.」하니, 부처님은 그에게 노래를 지어 이르시되,

(1)「나는 바라문도 왕자도 아니며, 또「바이샤」족도 그 밖의 아무것도 아니노라. 나는 여러 평민들의 성을 잘 알고 있으며, 몸에 가진 것이라고는 하나도 없이, 다만 깊이 생각하며 세상을 걸어가노라.

(2) 나는 중의重衣[81]를 입고, 집 없이 살아가노라.

머리와 수염은 짧게 깎고, 마음을 안정시켜, 사람들
축에 끼어 나쁜 일에 물드는 일 없이 세상을 살아가
노니, 바라문이여, 그대가 내 성을 묻는 것은 당치
않노라.」

(3) 바라문이 가로되,「그러나 바라문은 자기와
흡사한 사람을 만나면,《그대는 바라문이 아닌가?》
하고 묻게 마련이니라.」

「만일 그대가 스스로 바라문이라고 할진대, 바라
문이 아닌 나에게 말하라. 세 구절(三句) 스물넉 자로
된「사-비트리-」[82] 찬가讚歌가 무엇인지 아는가.」

(4) 바라문이 가로되,「이 세상에서 선인仙人이나
왕족, 그리고 바라문이나 평민들이 무엇때문에 신들
에게 여러 가지 공물供物을 바치는가?」부처님이 대
답하시되,

---

81 중의重衣 : 내의內衣, 상의上衣 위에 걸치는 옷. 이를 모두
   합쳐서 삼의三衣라고 함.
82 사-비트리(Savitri) :「리구・베-다」제3편 제62시편詩篇
   10에 있는 3구句 20자로 된 시詩로 태양신太陽神「사-비
   트리-」에 대한 찬가讚歌.

「궁극에 도달하여 베 – 다(吠陀)에 능통한 자가 제사 때에 어떤 속인으로부터 공물을 받으면, 그 제사는 잘 이루어지리라.」[83]

(5) 바라문이 가로되,「나도 베 – 다(veda)에 능통한 자를 그렇게 보았나니, 그 사람에 대한 내 헌공獻供은 잘 이루어지리라. 전에는 그대와 같은 사람을 만나지 못했기 때문에 다른 사람이 헌공獻供의 나머지를 먹어버렸노라.」

(6) 부처님이 대답하여 가라사대,「그러므로 바라문이여, 그대는 의인義人으로 의義를 구해 왔으니, 가까이 다가와 물으라. 아마도 여기 평안하고 분노의 연기가 사라져 괴로움을 모르며 욕심이 없는 총명한 사람을 발견하게 되리라.」

(7) 바라문이 가로되,「세존이시여, 저는 제사를 즐기며 제사드리기를 원하지만, 무엇에 공물을 드리면 유효한지 제가 그것을 모르니, 이를 저에게 가르쳐주소서.」

---

83 큰 보과(報果 : 한 일에 대한 보람 또는 한 일에 대한 결과結果)를 받음.

(8) 부처님이 대답하시되, 「그러면 바라문이여, 내가 그대에게 법을 가르칠터이니, 내말에 귀를 기울이라.

태어난 가문을 묻지 말고 그 행위를 물으라. 불은 온갖 장작개비로부터 일며, 천한 집에 태어난 자도, 도에 대한 뜻이 굳고 참회하는 마음으로 근신하면 고귀한 인간이 되니라.

(9) 진실로써 자신을 다스리고 여러 감관을 억제하며, 베 – 다(吠陀)의 깊은 이치에 도달하여, 깨끗한 행위를 하게 된 자에게, 때때로 공물을 드리라. 복을 구하는 바라문은 그를 공양해야 하느니라.

(10) 온갖 욕심을 버리고, 집 없이 살아가며, 능히 자기 자신을 억제하여 곧고 올바른 자들에게 때때로 공물을 드리라. 복과 덕을 구하는 바라문은 그들을 공양할지니라.

(11) 탐욕에서 떠나, 여러 기관器官이 평정을 누리고, 「라 – 후」[84]의 손에서 벗어난 것처럼 속박되는 일

___
84 라 – 후(Rahu) : 인도의 신화에 나오는 귀신의 이름. 이 귀

이 없는 자들에게 때때로 공물을 드리라. 복과 덕을 구하는 바라문은 그들을 공양할지니라.

(12) 집착執着하는 일 없이, 언제나 마음을 가다듬어, 자기 소유라고 간주하던 모든 것을 버리고 세상을 걸어가는 자들에게 때때로 공물을 드리라. 복을 구하는 바라문은 그들을 공양해야 하느니라.

(13) 온갖 욕망을 모조리 버리고 탐욕을 이겨가며, 삶과 죽음의 구경(究竟 : 사물을 궁구窮究해 가다가 마침내 도달한 곳)을 알고 마음의 평화를 누려, 맑기가 호수와 같은 온전한 자(如來)는 헌공獻供을 받을만 하니라.

(14) 온전한 자는 평등한 자로서, 평등하지 않은 자들로부터 멀리 떠나 있나니, 그는 한없이 지혜가 있으며, 이 세상에 있어서나 저 세상에 있어서 나쁜 물이 드는 일이 없으므로, 온전한 자는 헌공獻供을 받을만 하니라.

신이 달이나 태양을 삼켜버리므로 월식이나 일식이 일어난다고 했다.

(15) 속이거나 거만하지 않고 탐욕에서 벗어나, 내것이라고 하여 집착執着하는 일이 없으며, 욕심이 없고 분노를 모르며, 마음은 평화롭고 우울의 때(垢)를 씻어버린 온전한 자는 공물을 받을만 하니라.

(16) 마음의 집착을 끊고, 아무것에도 사로잡히지 않으며, 이 세상에 있어서나 저 세상에 있어서도 매이지 않는 온전한 자는 공물을 받을만 하니라.

(17) 마음을 한결같이 조용히 갖고 사나운 물결을 건너, 가장 올바른 지혜로 법을 알며 번뇌를 멸하여 최후의 육신을 지니고 있는 온전한 자는 헌공을 받을만 하니라.

(18) 생존生存의 때(垢)와 난폭한 말(言辭)을 찾아볼 수 없으며, 「베 – 다」에 정통하고, 모든 일을 해탈한 온전한 자는 헌공을 받을만 하니라.

(19) 집착執着에서 벗어나, 거만한 자들 사이에서도 거만하지 않고, 밭과 집터와 아울러 괴로움을 잘 알고 있는[85] 온전한 자는 헌공을 받을만 하니라.

---

85 괴로움이 일어나는 인연因緣, 즉 업業과 번뇌煩惱를 가리킴.

(20) 욕망에 의거하는 일 없이 여기서 멀리 떠나, 남이 가르치는 다른 견해를 초월하여, 어떤 일에도 사로잡히지 않는 온전한 자는 헌공獻供을 받을만 하니라.

(21) 일체의 사물에 대하여 그 진상을 깨달음으로써, 그것들이 제거되고 소멸되어 찾아볼 수 없고, 마음의 평화를 이루어, 집착을 버리고 해탈한 온전한 자는 헌공을 받을만 하니라.

(22) 번뇌의 속박과 이 세상의 생존을 멸해버린 구경의 경지를 통찰洞察하고, 애욕의 길을 남김 없이 끊어버려 깨끗하고 결함이 없으며, 더러움을 찾아볼 수 없는 온전한 자는 헌공을 받을만 하니라.

(23) 자기가 자기를 통찰하여 자기를 인정치 않고,[86] 마음이 한결같이 가라앉아, 육신이 똑바르며, 스스로 안주하여 흔들리는 일이 없고, 마음이 사납지 않으며, 의혹을 모르는 온전한 자는 헌공獻供을 받을만 하니라.

---

86 자기가 자기를 없는 것으로 볼 때 그는 해탈하게 된다.

(24) 미망迷妄에 의거한 장애가 조금도 없고, 모든 사물에 대하여 지혜로운 눈을 갖고 있으며, 최후의 육신을 지니고, 복된 무상無上의 도를 깨친 - (이것만으로도 인간은 깨끗해질 수 있도다.) - 온전한 자는 헌공을 받을만 하니라.

(25) 「부처님과 같은 베 -다(Veda)에 능통한 분을 만났으니, 저의 공물은 헛되지 않겠나이다. 범천은 이를 증거하소서. 세존이시여, 원컨대 저희 헌공을 받으소서.」

(26) 「시를 읊어서 얻은 것을 내가 먹어서는 안될지니, 바라문이여, 이는 올바로 깨달은 자들이 취할 바 도리가 아니니라. 그러므로 시를 읊어서 얻은 것을 깨달은 자들은 배척하노라. 바라문이여, 만사에 도리가 있나니, 이것이 깨달은 자들의 생활방도이니라.

(27) 온전한 자인 대선인大仙人이요, 번뇌의 때(垢)를 씻어버리고 악행惡行을 멸해버린 자에게는 다른 음식을 제공할지니, 이는 공덕功德을 바라는 자의 참된 밭(田)이기 때문이니라.」

(28)「세존이시여, 저와 같은 자의 시물施物을 받을 수 있고, 또 제사 때에 찾아가 공양할 만한 자를 알고자 하오니 가르쳐주소서.」

(29)「사납지 않고, 마음에 때가 묻지 않았으며, 모든 욕망을 떠나 두려움을 제거하고,

한계限界의 끝(번뇌)[87]을 억제하며, 성자聖者의 덕을 몸에 지닌 자가 제사를 위해 왔을 때,

눈쌀을 찌푸리고 내려다보지 말고, 합장하여 그를 배례하라. 그에게 준 시물施物은 성취되어 과보果報를 가져오느니라.」

(30)「부처님께서는 헌공獻供을 받아주셔야 하겠나이다. 부처님은 최상의 복된 밭(福田)이며, 온세상의 시물을 받는 자로소이다. 그리하여 부처님에게 베푼 시물은 커다란 과보를 가져오나이다.」

이에 다시 바라문인 〈순다리카 · 바-라드바-쟈〉

---

87 한계限界의 끝(번뇌) : 「한계限界」는 선인善人의 행위, 그 끝(단端)은 이와 다른 것.

가 부처님에게 가로되,

「놀라울진저, 세존이시여. 마치 쓰러진 자를 일으키듯이, 뒤덮인 것을 열어젖히는 것처럼, 향방을 몰라 헤매는 자에게 길을 가리키는 것과 같이, 혹은 《눈뜬 자는 색깔을 보리라.》하고 어둠 속에서 횃불을 드는 양, 부처님께서는 여러 면으로 법을 밝히셨나니, 저는 부처님에게 귀의歸依하며, 또한 법과 수행승修行僧의 모임에 귀의 하나이다. 저는 부처님 가까이 출가出家하여, 완전한 계율을 받겠나이다.」하더라.

이에 바라문인 〈순다리카 · 바-라드바-쟈〉는 부처님의 가까이 출가하여 완전한 계율을 받고, 홀로 여러 사람을 멀리하여 꾸준히 수도에 힘써, 얼마 가지 않아서 가장 깨끗한 행위의 구경究竟-여러 어진 남자들은 이를 얻기 위해 진정 집을 나와 고행을 달게 받았거니와-을 현세에서 스스로 깨닫는 동시에 이를 입증하고 구현具現하여 나날을 보내더라.

「태어나는 일은 끝났도다. 깨끗한 행위는 이미 이루어져 할 일을 다했으니, 이제는 다시금 이런 삶을

얻는 일은 없으리로다.」 하고 깨달았느니라. 이리하
여 〈순다리카 · 바-라드바-쟈〉 장로는 성자聖者의
한 사람이 되었도다.

5. 마-가

내가 듣건대 -언젠가 부처님께서 왕사성王舍城의 솔개봉우리라는 산에 계실 때, 〈마-가〉라고 부르는 청년이 부처님이 계신 곳을 찾아가, 반가운 인사말을 나누고 한켠에 앉아 가로되,

「세존世尊이시여, 저는 실로 시여施與하는 임자이며, 어질고 너그러워 시여를 요구하는 자에게 기꺼이 응하고, 법에 의해 재물을 마련하나이다. 그리하여 이를 한 사람에게도 주고, 두 사람에게도 주고, 세 사람에게도 주고, 네 사람에게도 주고, 다섯 사람에게도 주고, 여섯 사람에게도 주고, 일곱 사람에게도 주고, 여덟 사람에게도 주고, 아홉 사람에게도 주고, 열 사람에게도 주고, 스무 사람에게도 주고, 서

른 사람에게도 주고, 마흔 사람에게도 주고, 쉰 사람에게도 주고, 백 사람에게도 주고, 더 많은 사람에게도 주나니, 세존이시여, 제가 이렇게 주고 이렇게 바치면, 많은 복과 덕을 얻을 수 있나이까.」 하니,

「젊은이여, 실로 그대가 그렇게 주고, 그렇게 바친다면, 많은 복과 덕을 얻게 되느니라. 누구나 주는 자, 시여施與하는 자로서, 시여를 요구하는 자에게 기꺼이 응하고, 법이 의해 재물을 마련하여 이를 한 사람에게 주고, 나아가서는 백 사람에게도 주고, 더 많은 사람에게도 주는 사람은, 많은 복과 덕을 얻게 되느니라.」 하시더라. 이에 〈마-가〉는 노래를 지어 다음과 같이 부처님에게 아뢰더라.

(1)「법의法衣를 입고, 집 없이 두루 돌아다니시는 너그러운 부처님에게 묻노니, 시여를 요구하는 자에게 응하는 재가在家의 시주施主, 복과 덕을 구하려는 의도에서 공물供物을 드리며, 이 세상에서 남에게 음식을 주는 자가 제사를 올릴 때에, 남에게 준 공물은 깨끗한 것이오리까?」

(2) 부처님이 대답하시되, 「〈마-가〉여, 시물을 구하는 자에게 응하는 재가의 시주, 복과 덕을 구하려는 의도에서 공물을 드리는 자가, 이 세상에서 남에게 음식을 주는 것은 진정 시여를 받아야 하는 자들을 기쁘게 할지니라.」

(3) 〈마-가〉가 가로되, 「시여를 요구하는 자에게 응하는 재가의 시주, 복과 덕을 구하려는 의도에서 공물을 드리는 자가 남에게 음식을 주는 경우에 그 시여를 받을만한 자들에 대하여 말씀해 주소서.」

(4) 진실로 집착하는 일 없이 세상을 걸어가고, 가진 것 하나 없이 자기를 억제하는 온전한 자에게 때때로 시여하라. 복과 덕을 구하는 바라문은 그들을 공양할지어다.

(5) 모든 속박에서 벗어나, 스스로를 억제하며, 해탈하여 괴로움을 모르고 욕심이 없는 자들에게 때때로 시여하라. 복과 덕을 구하는 바라문은 그들을 공양할지어다.

(6) 탐욕과 혐오嫌惡와 미망迷妄을 버리고, 번뇌의 더러움을 멸하여, 깨끗한 행위를 하는 자들에게 때

때로 시여하라. 복과 덕을 구하는 바라문은 그들을 공양할지어다.

(7) 남을 속이지 않고 거만하지 않으며, 탐욕에서 떠나 자기 소유라고 집착하는 일이 없이, 욕심을 버린 자들에게 때때로 시여하라. 복과 덕을 구하는 바라문은 그들을 공양할지어다.

(8) 진실로 온갖 애착에 사로잡히지 않고, 이미 사나운 물결을 건너, 자기 소유라고 집착하는 일이 없이 세상을 걸어가는 자들에게 때때로 시여하라. 복과 덕을 구하는 바라문은 그들을 공양할지어다.

(9) 이 세상이나 저 세상, 그 밖의 어떠한 세상에서도, 여러 가지 삶(生存)에의 애착이 없는 자들에게 때때로 시여하라. 복과 덕을 구하는 바라문은 그들을 고양할지어다.

(10) 모든 욕망을 버리고, 집없이 세상을 걸어가며, 능히 자기 자신을 억제하여 올바르고 곧은 자들에게 때때로 시여하라. 복과 덕을 구하는 바라문은 그들을 공양할지어다.

(11) 탐욕을 떠나 여러 가지 기관器官이 평정을 누

리고,「라-후」의 손에서 벗어난 것처럼 속박되는 일이 없는 자들에게 때때로 시여하라. 복과 덕을 구하는 바라문은 그들을 공양할지어다.

(12) 마음의 평화를 누리고 탐욕을 떠나 화내는 일이 없이, 이 세상에서 삶의 모든 요소를 버리고 살아가는 자들에게 때때로 시여하라. 복과 덕을 구하는 바라문은 그들을 공양할지어다.

(13) 삶과 죽음을 남김 없이 버리고, 모든 의혹에서 떠난 자들에게 때때로 시여하라. 복과 덕을 구하는 바라문은 그들을 공양할지어다.

(14) 자기를 근거로 하여 세상을 걸어가며, 손에 가진 것 하나 없이 모든 것을 해탈한 자들에게 때때로 시여하라. 복과 덕을 구하는 바라문은 그들을 공양할지어다.

(15)《이것은 최후의 생존이며, 다시 태어나는 일이 없다.》는 것을 이 세상에서 참으로 알고 있는 자들에게 때때로 시여하라. 복과 덕을 구하는 바라문은 그들을 공양할지어다.

(16)「베-다」에 정통하여 안정된 마음을 즐기고

생각이 깊으며, 도를 깨쳐 많은 사람들이 귀의하는 자들에게 때때로 시여하라. 복과 덕을 구하는 바라문은 그들을 공양할지어다.

(17)「세존이시여, 진실로 저의 질문은 헛되지 않았나이다. 부처님께서는 저에게 시여해야 할 사람들에 대하여 말씀하셨나니, 이는 부처님께서 이 세상의 모든 것을 통찰하시어, 참된 이치(理法)를 알고 계시기 때문인가 하나이다.」

(18) 〈마-가〉가 가로되, 「세존이시여, 시여해 주기를 요구하는 자에게 응하는 재가의 시주施主, 복과 덕을 구하려는 마음에서 시여하는 자가 드려야 하는 올바른 제사에 대하여 저에게 말씀해 주소서.」

(19) 부처님께서 대답하시되, 「〈마-가〉여, 제사를 드리라. 제사를 드리는 자는 언제 어디서나 마음을 깨끗이 해야 하느니라. 그가 힘쓰는 일은 제사이니, 그는 여기서 마음을 안정시키고 악을 버리게 되느니라.

그는 탐욕에서 떠나 악을 억제하고, 끝없는 자비심을 일으켜 밤낮을 가리지 않고 언제나 한결같이 그 자비심을 사방에 가득 차게 하느니라.」

(20) 「세존이시여, 묻노니 누가 깨끗한 마음을 지니게 되어 해탈하나이까? 또 누가 속박되나이까? 그리고 무엇에 의하여 사람들은 스스로 범천梵天에 이르게 되나이까? 이를 제가 모르나니, 가르쳐주소서. 세존이시여, 저는 지금 범천을 눈앞에 보았나니, 진실로 부처님께서는 우리의 범천과 같은 분인줄로 알고 있나이다. 영광에 빛나는 세존이시여, 어떻게 하면 범천에 태어날 수 있나이까?」

(21) 부처님이 대답하시되, 「〈마-가〉여, 세 가지로 된[88] 완전한 제사를 드리는 자는 시여施與를 받을 만한 자들을 기쁘게 하느니라. 시여를 요구하는 자에게 응하는 자가 이렇게 올바로 제사를 올리면, 범천에 태어나느니라.」 하시더라.

이렇게 말씀했을 때, 〈마-가〉가 가로되,

「놀라울진저, 세존이시여. 마치 쓰러진 자를 일으

---

88 (19) 참조參照.

키듯이, 뒤덮인 것을 열어젖히는 것처럼, 방향을 몰라 헤매는 자에게 길을 가리키는 것 같이, 혹은《눈뜬 자는 색깔을 보리라.》하고 어둠 속에서 횃불을 드는 양, 부처님께서는 여러 가지 방법으로 진리를 밝히셨나니, 저는 부처님에게 귀의하며, 법과 수행승修行僧의 모임에 귀의 하나이다. 오늘부터 목숨이 다할 때까지 부처님께서는 저를 재가의 신자로서 받아주소서.」하더라.

6. 사비야

내가 듣건대 – 언젠가 부처님께서 왕사성王舍城의 대밭에 있는 다람쥐를 기르는 곳에 거주하고 계실 때, 세상을 편력遍歷하는 수행자 〈사비야〉에게 옛날의 혈족血族인 신神이 질문하여 가로되,

「〈사비야〉여, 도를 닦는 자이든, 혹은 바라문이든 그대가 질문하였을 때, 분명히 대답할 수 있는 자가 있으면, 그대는 그 사람에게서 깨끗한 행실을 배울지니라.」하더라. 이에 수행자 〈사비야〉는 그 신으로부터 들은 그러한 가르침을 명심하고, 여섯 분 스승에게 가서 질문을 하였도다. 즉 그들은 〈푸–라나·캇사파〉, 〈막카리·고–사–라〉, 〈아지타·케–사칸바리〉, 〈파크다·캇챠–야나〉, 「벳라–티이」족

의 아들인 〈산쟈야〉, 그리고 「나-타」족의 아들인 〈니간타〉로서, 이들은 도를 닦는 자, 혹은 바라문으로 많은 제자를 거느린 단체의 스승이며, 널리 이름이 알려지고, 한 교파의 교조로서 많은 사람들로부터 선인善人이라 하여 숭배를 받더라. 그들은 수행자 〈사비야〉에게 질문을 받고, 만족한 대답을 할 수 없었으므로, 분노와 미움과, 두려운 빛을 얼굴에 나타내었을 뿐만 아니라, 오히려 수행자 〈사비야〉에게 반문하기에, 〈사비야〉는 다음과 같이 생각하더라. 「이들 도를 닦는 자나 바라문들은 많은 제자를 거느린 단체의 스승으로 널리 이름이 알려지고, 한 교파의 교조로서 많은 사람들로부터 선인이라 하여 숭배를 받고 있지만, 그들 〈푸-라나·캇사파〉에서 「나-타」족의 아들인 〈니간타〉에 이르는 자들은 내 질문에 만족한 대답을 못하고 분노와 미움과 두려운 빛을 얼굴에 나타내었을 뿐만 아니라 나에게 반문하였도다. 이제 나는 속세에 돌아가 여러 가지 욕망을 받아들이기로 하리라.

그리고 그는 다시 생각하기를, 「여기 있는 도를 닦

는 자 〈고-타마〉도 또한 여러 제자들을 거느린 단체의 스승이며, 널리 이름이 알려진 교파의 교조敎祖로서 많은 사람들로부터 선인이라 하여 숭배를 받고 있나니, 이제 나는 그에게 가서 질문을 하리라.」 그리고는 수행자 〈사비야〉는 다시금 다음과 같이 생각하더라. 「여기 있는 도를 닦는 자, 바라문들은 이미 나이가 들어 노쇠老衰하였지만, 많은 경험을 쌓아 집을 나온지 이미 오래이고, 여러 제자를 거느린 단체의 스승이며, 널리 이름이 알려진 한 교파의 시조로서 많은 사람들로부터 선인이라 하여 숭배를 받고 있도다. 즉 이들 〈푸-라나·캇사파〉에서 「나-타」족의 아들인 〈니간타〉에 이르는 사람들은 내 질문에 만족한 대답을 하지 못하고 분노와 미움과 두려운 빛을 얼굴에 나타내었을 뿐만 아니라, 오히려 나에게 반문하였는데, 나이도 어리고 집을 나온지 얼마 되지 않는 〈고-타마〉가 어찌 내 질문에 분명한 대답을 할 수 있으랴.」 그리고 다시 계속해서 수행자 〈사비야〉가 생각하기를 「도를 닦는 자는 나이가 젊더라도 얕보거나 푸대접하여서는 안 되니라. 그는 비록 나이가 젊더라도 도를 닦는 자이며, 커다란 신통력神通力이 있을터이니, 나는 〈고-타마〉에게 가서 질문을 하리라.」 하고 수행자 〈사비야〉는 왕사성王舍城을 향해 밭길을 옮겨, 그 대밭에 있는 다람쥐를 기르는 곳에 계신 부처님에게 가서 반가히 인사를 나누고, 한켠에 앉아 노래를 지어 다음과 같이 아뢰더라.

(1) 「의혹이 있어 여쭈어보려고 여기까지 왔나이다. 저의 물음에 차례차례로 법에 따라 분명히 대답해주소서.」

(2) 부처님이 대답하시되, 「그대는 나에게 질문하려고 먼 데서 왔으니, 그대를 위해 이에 응하리로다. 그대 질문에 차례대로 법에 따라 명확히 대답하려 하니,

〈사비야〉여, 무엇이든지 그대가 원하는 대로 질문하라. 나는 하나하나의 질문에 분명한 해답을 내리고자 하노라.」

그때 수행자 〈사비야〉가 생각하기를, 「참으로 진귀한 일이로다. 내가 도를 닦는 다른 바라문들에게서는 찾아볼 수 없던 좋은 기회를 〈고-타마〉가 나에게 주었도다.」 이리하여 그는 즐겁고 기쁜 마음으로 부처님에게 아뢰더라.

(3) 〈사비야〉가 가로되, 「무엇을 얻은 자를 수행승修行僧이라고 부르나이까? 무엇에 의하여 온유한 자가 될 수 있나이까? 어떻게 하면 자기를 억제한 자라는 말을 들을 수 있으며, 어떻게 하여 깨달은 자(불타)라고 불리울 수 있나이까? 묻노니 세존이시여, 저에게 말씀해 주소서.」

(4) 부처님이 대답하시되, 「〈사비야〉여, 스스로 도를 닦아 완전한 평화에 도달하고 의혹에서 벗어나, 생존과 쇠망衰亡을 버리고 깨끗한 행위에 안주하여 이 세상의 재생再生을 멸해 버린 자가 수행승修行僧이니라.

(5) 모든 일에 대하여 평정을 지니고 마음이 침착하며, 이 세상에서 아무것도 해치는 일이 없이, 사나

운 물결을 건너 악에 물들지 않고, 정욕이 북바치는
일이 없는 도인道人은 온유한 자이니라.

(6) 안팎으로 여러 가지 감관感官을 잘 다스려, 이
세상과 저 세상을 떠나, 죽을 때가 돌아오기를 원하
며 수양에 힘쓰는 자를 가리켜 자기를 억제한 자라
고 하느니라.

(7) 모든 우주의 운행과 윤회輪廻[89]와 생명 있는
자의 삶과 죽음을 아울러 헤아려서, 이 세상의 티끌
을 떠나 때묻지 않고 깨끗하며, 삶을 멸해 버리기에
이른 자를 깨달은 자(불타)라고 하느니라.」

그때 수행자 〈사비야〉는 부처님의 설법을 듣고
나서 기쁜 마음을 이기지 못하여 다시금 다음과 같
이 아뢰더라.

(8) 〈사비야〉가 가로되,「무엇을 얻은 자를 바라

---

89 윤회輪廻 : 사람이 죽었다가 다시 태어나고 났다가 죽으
며 몇 번이고 이렇게 반복함을 말함.

문이라고 부르나이까? 무엇에 의하여 도를 깨친 자라고 부르나이까? 어찌하여 목욕한 자라고 부르며, 또 어찌하여 용龍[90]이라고 부르나이까? 묻노니 세존이시여, 저에게 말씀해 주소서.」

(9) 부처님이 대답하시되, 「〈사비야〉여, 일체의 악을 물리쳐 때묻지 않고 마음을 잘 진정시켜 스스로 안주하며, 윤회輪廻를 넘어서 온전한 자가 되어 구애되는 일이 없는 자를 바라문이라고 부르니라.

(10) 평안에 돌아가 선악을 버리고 온갖 티끌을 떠나 이 세상과 저 세상을 알며, 삶과 죽음을 초월한 자는, 바로 그 때문에 도인이라고 부르니라.

(11) 이 세상에서 안팎으로 일체의 죄악을 씻어버리고, 시간에 지배되는 신들(諸神)과 인간들 속에 있으면서, 시간에 매이지 않는 자를 목욕한 자라고 부르니라.

(12) 이 세상에서 어떤 죄악도 저지르지 않으며, 모든 속박의 매듭을 풀어버리고, 모든 것에 사로잡

---

90 용龍 : 불타에 대한 칭호의 하나.

히는 일이 없이 해탈한 자는 바로 그 때문에 용이라
부르느니라.」

그때 수행자 〈사비야〉는 부처님의 설법을 듣고 나
서, 기쁜 마음을 이기지 못하여, 다시금 다음과 같이
아뢰더라.

(13) 〈사비야〉가 가로되, 「깨달은 자(불타)는 누
구를 밭(田)의 승리자[91]라고 부르나이까? 무엇에 의
하여 슬기로운 자라고 하나이까? 어찌하여 현자賢者
라고 하며, 또 어찌하여 성자聖者라고 부르나이까?
묻노니 세존이시여, 저에게 말씀해 주소서.」

(14) 부처님이 대답하시되, 「〈사비야〉여, 하늘의
밭(田)과 인간의 밭, 그리고 범천梵天의 밭을 분별하
여, 일체의 밭의 근원에서 오는 속박으로부터 벗어
난 자는 바로 그 때문에 밭의 승리자라고 부르느니라.

---

91 밭(田)의 승리자 : 주석註釋에 의하면, 밭(田)이란 12처(육
근六根과 그 대상인 육경六境. 이 육근六根과 육경六境이
접촉하여 온갖 정신작용이 일어남)을 가리키며, 이를 아
는 작용에 의하여 무명無名을 멸할 수 있다고 함.

(15) 하늘의 곳간(藏)과 인간의 곳간, 그리고 범천의 곳간[92]을 분별하여 일체의 곳간의 근원에서 오는 속박으로부터 벗어난 자는 바로 그 때문에 슬기로운 자라고 부르니라.

(16) 안팎으로 검고 흰 것[93]을 아울러 분별하여 맑고 밝은 지혜가 있고, 흑·백(善·惡業)을 초월한 자는 바로 그 때문에 현자라고 부르니라.

(17) 이 세상에서 안팎으로 옳고 그른 법法을 알고, 인간과 신들의 존경을 받으며, 집착의 그물에서 벗어난 자는 성자이니라.」

그때 수행자 〈사비야〉는 부처님의 설법을 듣고 나서 즐겁고 기쁜 마음을 이기지 못하여 다시금 다음과 같이 아뢰더라.

(18) 〈사비야〉가 가로되, 「무엇을 얻은 자를 「베–

---

92 인간의 본성을 구속하는 장애물.
93 불전佛典에서는 백白은 선善, 흑黑은 악惡을 뜻하는 경우가 많음.

다」의 달인達人이라고 부르나이까? 무엇 때문에 분명히 안 자라고 하나이까? 어떻게 하여 꾸준히 힘쓰는 자가 되며, 또 됨됨이 훌륭한 자란 어떤 사람을 두고 이르나이까. 묻노니 세존이시여, 저에게 말씀해 주소서.」

(19) 부처님이 대답하시되, 「〈사비야〉여, 도를 닦는 자 및 바라문들이 갖고 있는 모든 베-다(veda)[94]의 이치를 분별하여, 자기가 감득感得한 온갖 것에 대하여 탐내는 일이 없이, 일체의 느낌을 초월한 자는 「베-다」에 통달한 자이니라.

(20) 안팎으로 병病의 근원인 망상妄想을 분명히 알고, 그 속박에서 벗어난 자는 바로 그 때문에 분명히 안 자라고 부르니라.

(21) 이 세상에서 일체의 죄악을 떠나고, 지옥의 괴로움을 벗어나 애써 노력하는 현자를 꾸준히 힘쓰는 자라고 부르니라.

---

94 베-다(veda) : 고대 인도의 바라문교의 근본 성전聖典의 총칭. 지론智論·명론明論·무대無對라 번역한다.

(22) 안팎으로 집착의 근원인 여러 속박을 끊어버리고, 여기서 벗어난 자는 바로 그 때문에 됨됨이 홀륭한 자라고 부르니라.」

그때 수행자 〈사비야〉는 부처님의 설법을 듣고나서, 즐겁고 기쁜 마음을 이기지 못하여, 다시금 다음과 같이 아뢰더라.

(23) 〈사비야〉가 가로되, 「무엇을 얻은 자를 박식한 자라고 부르나이까? 무엇에 의하여 성자가 되나이까? 또 어떻게 하여 행실이 원만한 자가 되나이까? 편력遍歷의 수행자란 누구를 이르나이까? 묻노니 세존이시여, 저에게 말씀해 주소서.」

(24) 부처님이 대답하시되, 「〈사비야〉여, 가르침을 듣고 세상에서 결점이 있거나 혹은 결점이 없는 모든 이법理法을 분명히 알고, 모든 점에 관하여 정복자, 의혹이 없는 자, 해탈한 자, 그리고 괴로움이 없는 자를 박식한 자라고 부르니라.

(25) 지혜로운 자는 악에 물들지 않고 모든 일에

얽매이지 않으며, 모태母胎에 돌아가는 일이 없느니라. 세 가지 상념想念[95]과 더러움을 제거하여 망령된 분별을 하지 않는 자를 성자라고 부르느니라.

(26) 이 세상에서 해야 할 일을 실천에 옮기며, 슬기롭고 언제나 참된 이치를 알며 무슨 일에도 사로잡히지 않고 해탈하여 노여움을 모르는 자를 행실이 원만한 자라고 부르느니라.

(27) 언제 어디서나 괴로운 과보果報가 일어날 행위를 피하며, 모든 행동을 잘 알아서 하고, 거짓과 교만, 탐욕과 분노, 그리고 명칭과 형태를 멸하여 마땅히 얻어야 할 것을 얻은 자를 편력遍歷의 수행자라고 부르느니라.」

그때 수행자 〈사비야〉는 부처님의 설법을 듣고 나서 즐겁고 기쁜 마음을 이기지 못하여, 자리에서 일어나 한쪽 어깨에 상의를 걸치고, 부처님을 향해 합장을 하고 나서 노래를 지어 다음과 같이 찬양하더라.

---

95 세 가지 상념想念 : 욕상慾想, 노상怒想, 해상害想.

(28) 「도를 닦는 모든 사람들이 명칭과 문자文字와 뜻에서 논쟁을 일으키게 된, 예순세 가지 다른 주장[96]을 물리치고, 부처님께서는 사나운 물결을 건너가셨나이다.

(29) 부처님께서는 괴로움을 멸하고 피안彼岸에 도달하셨나이다. 부처님께서는 참된 자요, 깨달은 자이며, 번뇌의 더러움을 멸한 자라고 생각하나이다. 부처님께서는 영예에 빛나며, 이해가 깊고 지혜가 풍부하나이다. 괴로움을 멸하기에 이른 자여, 저를 구원해 주셨나이다.

(30) 부처님께서는 저에게 의혹이 있음을 알고, 그 의혹에서 저를 구출해 주셨나이다. 저는 부처님에게 삼가 배례하노니 도의 오묘한 이치를 깨달은 이여, 마음이 거칠어지는 일이 없는 태양의 아들이여, 부처님은 온유한 어른이로소이다.

---

96 예순세 가지 다른 주장 : 범망경梵網經에서 주장한 62의 이단설異端說에 자기에 육신肉身이 실재實在한다고 보는 견해見解를 넣어서 63종의 이설異說이 됨.

(31) 제가 옛날에 품고 있던 의문을 부처님께서는 분명히 밝혀 주셨나이다. 올바른 눈을 가지신 성자여, 진실로 부처님은 도를 깨치신 분이니, 부처님을 훼방하는 것은 하나도 없나이다.

(32) 부처님의 오뇌는 모조리 소멸되었나이다. 부처님은 맑고 깨끗하고, 자신을 억제하시며, 마음이 견고하시고 성실하게 행동하시나이다.

(33) 코끼리 중에서 왕이요, 위대한 영웅인 부처님께서 설법하실 때에는 모든 신들은 〈나-라다〉와 〈팟바타〉의 양자兩者와 함께 기뻐서 어쩔줄 모르나이다.

(34) 존귀하신 이여, 저는 부처님에게 배례하나이다. 가장 높으신 이여, 저는 부처님에게 배례하나이다. 신들을 포함한 온 세계에서 부처님에게 견줄만한 자는 없나이다.

(35) 부처님은 깨달으신 분이며, 위대한 스승이로소이다. 부처님은 악마의 정복자이며, 현자로소이다. 부처님은 번뇌의 숨은 힘을 끊어버리시고 스스로 강을 건넜으며, 또 남들을 건너게 하시나이다. 부

처님은 속박에서 벗어나 모든 번뇌의 더러움을 멸하셨으니, 집착하는 일이 없는 사자獅子로서, 두려움에서 벗어나 계시나이다.

(37) 아름다운 흰 연꽃이 흙탕물에 물들지 않는 것처럼, 부처님은 선·악으로 하여 물들지 않나이다. 용감하신 이여, 두 발을 내밀어 주소서. 〈사비야〉는 부처님을 배례하나이다.」하더라.

그리하여 편력의 수행자 〈사비야〉는 부처님의 두 발에 머리를 대고 배례하고 나서 가로되,

「놀라울진저, 세존이시여. 마치 쓰러진 자를 일으키듯이, 뒤덮인 것을 열어젖히는 것처럼, 방향을 몰라 헤매는 자에게 길을 가리키는 것 같이, 혹은《눈 뜬 자는 색깔을 보리라.》하고 어둠 속에서 횃불을 드는 양 부처님께서는 여러 가지 면으로 법을 분명히 하셨나이다. 저는 부처님에게 귀의歸依하며, 또한 진리와 수행승修行僧의 모임에 귀의 하나이다. 세존이시여, 저는 부처님의 곁에 출가出家하여, 완전한 계율을 받고자 하나이다.」

「〈사비야〉여, 일찍이 이단異端이었던 자가, 이 가

르침과 계율로 하여 집을 나오려고 하며, 완전한 계율을 받으려고 원한다면, 그는 넉 달 동안 따로 살아야 하며, 넉 달이 지난 뒤에 흡족하다고 생각되면, 여러 수행승들은 그를 집에서 나오게 하고, 완전한 계율을 받게 하여 수행승이 되게 하거니와, 이 경우에 사람에 따라서 기간의 차이는 있느니라.」 하시더라.

「세존이시여, 만일 일찍이 이단이었던 자가, 이 가르침과 계율로 하여 집을 나오려고 하며, 완전한 계율을 받으려고 원하는 경우에 그렇게 하도록 한다면, 저는 넉 달이 아니라 4년 동안 따로 살도록 하고, 4년이 된 뒤에 흡족하다고 생각되면, 여러 수행승들은 저를 집에서 나오게 하고, 완전한 계율을 받도록 하여 수행승이 되게 해주소서.」 하더라.

그러나 수행자 〈사비야〉는 곧 부처님의 곁에 출가하여 완전한 계율을 받고 나서, 얼마 안되어 그는 다른 사람들을 멀리하고 홀로 꾸준히 수양에 힘써, 이윽고 더 없는 깨끗한 행위의 구경-여러 어진 남자는 이를 얻기 위하여 진정 집을 나와, 집 없는 상태

에 이르렀거니와 -을 이승에서 스스로 깨닫는 동시
에 이를 입증하고 구현具現하여 나날을 보내더라.

「태어나는 일은 끝났도다. 깨끗한 행위는 이미 이
루어져 할 일을 다햇으니, 이제는 다시금 태어나는
일이 없으리라.」 하고 깨달았느니라. 이라하여 〈순
다리카 · 바 -라드바 -쟈〉 장로는 성자聖者의 한 사
람이 되었느니라.

7. 세-라

내가 듣건대-언젠가 부처님께서 수행승 1,250명과 함께 「안굿타라-파」 지방을 두루 돌아다니시다가 그 지방의 「아-파나」라는 어떤 거리에 이르렀을 때, 머리를 기른 수행자 〈케-니야〉가 마음속으로 생각하기를,

「석가족의 아들인 도를 깨친 부처님께서는 석가족의 집에서 출가하여 수행승 1,250명의 많은 제자들과 함께 「안굿타라-파」 지방을 편력遍歷하시다가 「아-파나」에 이르렀는데, 그에게는 참된 자·도를 깨친 자·밝은 지혜와 원만한 행실을 지닌 자·복된 자·세상을 아는 자·가장 위대한 자·사람들을 화목하게 하는 인도자·신들과 인간의 스승·깨달은

자·그리고 거룩한 스승이라는 훌륭한 명성이 있더라. 그는 스스로 깨닫고 입증하시며, 신들과 악마와 범천梵天이 있는 이 세계의 도를 닦는 자와 바라문과 신들 및 인간을 포함하는 모든 중생들에게 가르침을 베푸시더라. 그는 나면서부터 훌륭하시며 의미도, 의미려니와 문장도 갖춘 가르침을 베푸시고, 원만하고 깨끗한 행실을 주장하셨나니, 이렇듯 훌륭하고 존경할만한 어른을 뵙게 된 것은 복된 일이로다.」

그리하여 수행자 〈케-니야〉는 부처님이 계신 데 가서 정답게 인사를 나눈 뒤 한켠에 앉으니, 부처님은 그에게 설법說法을 하시고, 기운을 북돋아 기쁘게 하시더라. 이리하여 수행자 〈케-니야〉는 부처님에게 가로되,

「부처님께서는 수행승의 모임에서 내일 제가 드리는 음식을 받아주소서.」 하니, 부처님이 수행자 〈케-니야〉에게 가라사대,

「〈케-니야〉여, 수행승의 모임은 그 수가 상당히 많아 1,250명이나 될 뿐 아니라, 그대는 바라문교를 신봉하고 있도다.」 하시더라. 수행자 〈케-니야〉는

다시 부처님에게 가로되,

「세존이시여, 수행승의 모임은 사람들이 많아 1,250명이나 되며, 또한 저는 바라문교를 신봉하고 있지만, 부처님께서는 수행승의 모임에서 내일 제가 드리는 음식을 받아주소서.」하더라. 이에 부처님께서는 수행자 〈케-니야〉에게 다시금 가라사대,

「〈케-니야〉여, 수행승의 모임은 사람들이 많아, 1,250명이나 될 뿐 아니라 그대는 바라문교를 신봉하고 있노라.」하시니, 수행자 〈케-니야〉는 세 번째로 다시금 부처님에게 가로되,

「세존이시여, 수행승의 모임은 사람들이 많아 1,250명이나 되며, 또한 저는 바라문교를 신봉하고 있지만, 부처님께서는 수행승의 모임에서 내일 제가 드리는 음식을 받아주소서.」하니,

부처님은 침묵으로써 이를 승낙하시더라. 그리하여 수행자 〈케-니야〉는 부처님이 승낙하신 줄 알고 자리에서 일어나 자기 암자庵子에 가서, 친지와 친척과 그리고 친족에게 가로되,

「친구와 친지, 그리고 친척과 친족이 되시는 그대

들, 내말을 들으소서. 나는 부처님을 내일의 식사에 초대하였나니, 그대들은 나에게 몸소 힘을 빌려 주기를 바라고자 하노라.」하니,

　「알겠나이다.」

하고 그 친구와 친지, 친척과 친족들은 그에게 대답하고 나서, 어떤 자는 부엌을 깊이 파고, 어떤 자는 장작을 패며, 어떤 자는 그릇을 씻고, 어떤 자는 물독을 준비하며, 어떤 자는 자리를 마련하였는데, 수행자 〈케-니야〉는 손수 흰 밭을 친 회당을 만들더라. 그때 바라문 〈세-라〉는 「아-파나」에 살고 있었는데, 그는 삼三「베-다」[97]의 가장 깊은 이치에 통달하여, 그 낱말과 활용론活用論, 음운론音韻論, 제4의 「하달바·베-다」와 제5로 옛 전설의 어구語句와 문법에 능통하고, 순세론順世論이나 위대한 인물의 관상에 통달하여 3백 명의 젊은이에게 「베-다」를 가르치고 있더라. 그때 수행자 〈케-니야〉는 바라문 〈세-

──────────

97 삼三「베-다」 : 「바라문」교의 최상의 성전聖典으로 「리구·베-다」, 「사마·베-다」, 「아유·베-다」를 말함.

라〉를 섬기고 있었으며, 바라문 〈세-라〉는 3백 명의 연소자들이 에워쌌으되, 오래 앉아 있었는지라 피로를 풀기 위하여 다리를 펴고 여기 저기 산책을 하다가 머리를 기른 수행자 〈케-니야〉의 암자庵子에 가까이 다가가더라. 거기서 바라문 〈세-라〉는, 〈케-니야〉의 암자에 소속해 있는 머리를 기른 수행자들 중에서, 어떤 자는 부엌을 깊이 파고, 어떤 자는 장작을 패며, 어떤 자는 그릇을 씻고, 어떤 자는 물독을 준비하며, 어떤 자는 자리를 마련하고, 수행자 〈케-니야〉는 손수 회당을 만드는 것을 보고 〈케-니야〉에게 가로되,

「그대 〈케-니야〉에게는 아들을 장가 드릴 일이 있는가? 딸을 시집보낼 일이 있는가? 아니면 곧 큰 제사를 지내게 되는가? 혹은 마가다왕 〈세-니야·빈비사-라〉가 군대와 함께 내일의 식사에 초대되는가?」하니,

「스승이시여, 저에게는 아들을 장가 드릴 일이 없고, 딸을 시집보낼 일도 없으며, 마가다왕 〈세-니야·빈비사-라〉가 군대와 함께 내일의 식사에 초대

되는 것도 아니고, 저에게 커다란 제사가 곧 있게 되나이다. 석가족의 후손인, 부처님께서는 석가족의 집에서 출가出家하여, 「안굿타라 ─파」 나라를 두루 돌아다니시다가 많은 수행승 1,250명과 함께 「아─파나」에 이르셨나니, 그는 참된 도를 깨친 자·밝은 지혜와 원만한 행실을 지닌 자·복된 자·세상을 아는 자·가장 위대한 자·사람을 화목하게 하는 인도자·신들과 인간의 스승·깨달은 자·거룩한 스승이라는 훌륭한 명성을 지니고 있거니와, 저는 그분을 수행승들과 함께 내일의 식사에 초대하였나이다.」

「〈케─니야〉여, 그대는 그를 깨달은 자라고 부르느뇨?」 하니,

「저는 그를 깨달은 자라고 부르나이다.」 하더라.

「그때 바라문 〈세─라〉는 마음속으로 생각하기를, 『깨달은 자라는 것은 이 세상에서 그 목소리조차 들을 수 없으며, 우리의 성전聖典 속에는 위대한 인물의 상相이 32나 전해져 있거니와, 이를 구비하고 있는 위인에게는 오직 두 가지 길이 있을 따름이고, 다

른 길은 있을 수 없나니, 만일 그가 집에 머물러 생활을 한다면 그는 전륜왕轉輪王[98]이 되어, 정의를 수호하는 법왕法王이요, 사방의 정복자로서 국토와 백성을 안전케 하며, 작흘라斫訖羅라는 보물, 코끼리라는 보물, 말(馬)이라는 보물, 구슬이라는 보물, 여자라는 보물, 재산가라는 보물, 그리고 지도자라는 일곱 가지 보물을 갖게 되고, 또 그에게는 천명 이상의 자식이 있어, 모두가 용감하게 외적을 무찌르렸다. 그는 무력에 의해서가 아니라, 정의로 이 대지를 사해四海의 끝까지 정복하고 지배하거니와, 만일 그가 출가자出家者가 된다면 참된 자·도를 깨친 자가 되어, 세상에서 모든 번뇌를 제거하리라.』

그대 〈케 - 니야〉여, 그러면 참된 자·도를 깨친 자인 부처님께서는 지금 어디 있느뇨?」하고 그가 물으니, 수행자 〈케 - 니야〉는 바른 팔을 들고 바라문 〈세 - 라〉에게 이르되,

---

98 고대古代 인도에서, 전 세계를 통일하는 것으로 생각되는 이상적理想的인 재왕帝王.

「이쪽으로 푸른 산림이 있는데 거기 부처님이 계시나이다.」 그리하여 바라문 〈세-라〉는 3백 명의 젊은이들과 함께 부처님이 계신 곳으로 떠나며, 이들 젊은 바라문들에게 가로되,

「그대들은 급히 서둘지 말고 조용히 걸어오라. 부처님은 사자獅子처럼 홀로 가는 자이며, 가까이하기 어려우니라. 그리고 내가 부처님과 이야기하고 있을 때에, 그대들은 옆에서 입을 열어서는 안 되나니, 내 이야기가 끝날 때까지 기다리고 있으라.」 하더라.

이에 바라문 〈세-라〉는 부처님께서 계신 곳에 가서 반가히 인사를 나누고 한켠에 앉아, 부처님에게 32가지 위인의 상相이 있는가를 탐지하더라. 이리하여 그는 다만 두 가지만 제외하고는, 32가지 위인의 상이 갖추어 있음을 알 수 있으되, 그 두 가지 위인의 상에 대하여는 그것이 과연 부처님에게 있는가를 의심하고 깨달은 자임을 믿지 않더라. 그 두 가지란, 신체의 막膜 속에 감춰진 음부와 광장설상廣長舌相이로되, 그때 부처님께서 생각하시기를, 「이 바라문 〈세-라〉는 내몸에 있는 32가지 위인의 상을 거의

발견했지만, 다만 두 가지 상을 못보기 때문에 신체의 막 속에 있는 감춰진 곳과 광장설상이라는 두 가지 위인의 상에 관하여, 과연 그것이 나에게 있느냐 하고 의심하며 깨달은 자임을 믿지 않도다.」하고 부처님께서는 바라문 〈세-라〉가 신체의 막 속에 있는 음부를 볼 수 있도록 신통력神通力을 발휘하여, 이를 보게 하고, 다음에 혀를 내밀어 두 귓구멍을 아래 위로 핥고 앞이마를 핥으니, 바라문 〈세-라〉가 생각하기를, 도를 닦는 「〈고-타마〉에게는 32가지 위인의 상을 완전히 갖추고 있지만, 과연 그가 부처님인가를 아직 알 수 없도다. 다만 나는 나이 많은 스승과 그 스승인 바라문들이 《모든 존경할만한 자, 도를 깨친 자는 자기가 찬양을 받을 때에는 자기 자신을 남에게 나타내 보이도다.》하고 말한 것을 들었을 따름이니, 나는 적당한 노래를 지어 〈고-타마〉를 그 눈앞에서 찬양하리로다.」하고 그대로 행동에 옮기더라.

(1)「스승이시여, 정신이 넘치는 자여, 그대는 신

체가 완벽하여, 눈부시게 빛나며, 가문도 훌륭하거
니와 눈은 아름다운 금빛을 띄고, 이(齒)는 희고 희
도다.

(2) 위인의 상으로서 천성이 뛰어난 자가 갖추고
있는 모습은 모두 그대의 신체에 깃들어 있나이다.

그대는 눈이 맑고 안색이 좋으며 몸집이 크고 단
정하며, 아름답게 빛나 도를 닦는 자들 속에서 태양
처럼 눈이 부시나이다.

(3) 그대는 언뜻 보아도 훌륭한 수행자(比丘)로서,
그 살결은 황금처럼 빛나고 용모가 뛰어났으니, 무
엇 때문에 구태어 도를 닦을 필요가 있겠나이까?

(4) 그대는 전륜왕轉輪王이 되고, 수레와 병정의
임자가 됨으로써, 사방을 정복하여 인도印度의 지배
자가 되어야 할지니,

「큐샤트리야」 지방의 왕들은 그대에게 충성을 맹
서하리라. 〈고-타마〉여, 왕중의 왕으로서 또한 인
류의 제왕으로서 통치하소서.」

(5) 부처님이 대답하시되, 「〈세-라〉여, 나는 왕이
로되 최고 진리의 왕이며, 진리에 의하여 결코 뒷걸

음질하는 일이 없는 윤보輪寶[99]를 돌리노라.」

(6) 〈세-라〉가 가로되,「그대는 진리를 올바로 깨친 자라고 스스로 말씀하셨나이다. 〈고-타마〉여, 그대는《최고 진리의 왕이며, 법에 의하여 윤보를 돌리노라.》고 말씀하셨나이다.

그렇다면 누가 그대의 장군將軍이오이까? 그대의 상속자인 제자는 누구이오이까? 그 무상無上의 법륜法輪을 누가 그대의 다음에 돌리나이까?」

(7) 부처님이 대답하시되,「〈세-라〉여, 내가 돌린 윤보인 무상의 법륜은 사리불舍利佛[100]이 돌리나니, 그는 온전한 자로서 세상에 태어났느니라.

(8) 나는 알아야 할 것을 이미 알고 있으며, 닦아야 할 것을 이미 닦고, 판별할 것을 이미 판별하였으니, 나는 불타이니라.

(9) 나에 대한 의혹을 버리고 바라문이여, 나를 믿

---

99 윤보輪寶 : 인도印度에서 임금의 표식으로 사용하는 보기寶器.

100 사리불舍利弗 : 부처님 제자 중에서 지혜가 가장 뛰어난 인물.

으라. 여러 가지 도를 깨친 자를 만나보는 것은 매우 어려우니라.

(10) 그들 깨달은 자들이 가끔 세상에 나타나는 것은 그대에게 매우 진귀한 일이거니와, 나는 진리를 올바로 깨친 자이며, 번뇌의 화살을 끊어버린 유일무이한 자(無上人)이노라.

(11) 나는 신선한 자이며, 어느 누구도 나와 견줄 수 없고, 악마의 세력을 무찌르며, 모든 적을 항복케 하여 두려움을 모르고 기뻐할 따름이노라.」

(12) 이에 〈세-라〉는 제자들에게 고하되, 「너희들은 깨달은 자의 이야기를 들으라. 그는 번뇌의 화살을 끊은 자이며 위대한 영웅이니, 이는 마치 사자가 숲속에서 울부짖는 것과 같도다.

(13) 신성한 자이며 비할 바가 없고, 악마의 세력을 무찌르는 자를 보고 누가 믿지 않겠느뇨. 이는 비록 피부가 검은 종족의 자손이라 하더라도 믿으리라.

(14) 따르려고 원하는 자는 나를 따를지며, 따르고 싶지 않은 자는 물러가라. 나는 지혜가 뛰어난 자

의 곁에 출가出家하리로다.」

(15) 〈세-라〉의 제자들이 가로되,「만일 이 올바른 도를 깨친 자의 가르침을 스승님이 기꺼이 따르신다면, 저희들도 또한 지혜가 뛰어난 자의 곁에 출가하겠나이다.」

(16) 〈세-라〉가 가로되,「이들 3백 명의 바라문은 합장하고 원하노니, 세존이시여, 저희들은 부처님의 곁에서 깨끗한 행실을 닦고자 하나이다.」

(17) 부처님이 대답하시되,「〈세-라〉여, 내가 깨끗한 행실을 밝혔으니, 이는 곧 눈앞에 과보果報를 가져오리라. 꾸준히 올바른 길을 배우는 자가 집을 나와 깨끗한 행실을 닦는 것은 결코 헛되지 않느니라.」

이리하여 바라문 〈세-라〉는 여러 제자들과 함께 부처님의 곁에 출가出家하여 완전한 계율을 받더라.

때마침 머리를 기른 수행자 〈케-니야〉는 그날 밤을 새고 나서, 자기의 암자에서 맛이 좋고 연한 음식을 마련하고, 부처님에게 식사때가 왔음을 고하여 가로되,

「세존이시여, 때가 되어 음식을 마련하였나이다.」
하니,

　부처님은 아침나절에 내의와 중의重衣를 입고 바리를 들고서, 수행자 〈케-니야〉의 암자에 이르러, 여러 수행승들과 함께 미리 마련된 자리에 앉으시니, 수행자 〈케-니야〉는 부처님을 비롯하여 다른 수행자들에게 손수 맛 좋고 연한 음식을 나르게 하여 흡족하도록 대접하더라. 그리하여 부처님께서 식사를 마치시고 바리에서 손을 떼었을 때, 수행자 〈케-니야〉가 한켠에 있는 낮은 자리에 앉으니, 부처님께서는 그에게 다음과 같은 노래를 지어 고마운 뜻을 표하시더라.

　(18) 불(火)에 대한 공양供養[101]은 제사 중에서 가장 훌륭한 것이며, 「사-비트리-」는 「베-다」의 시구詩句 중에서 가장 좋은 것이니라. 왕은 인간 중에서 가장 뛰어난 자이며, 바다는 여러 하천 중에서 가장

---

101 불에 대한 공양供養 : 「바라문」교에서는 신성한 불을 일으켜 그 속에 곡식이나 「버터」를 던져 신神에게 드림.

큰 것이니라.

(19) 달은 여러 별 가운데 가장 뛰어나고, 태양은 밝은 것 중에서 가장 월등한 것이며, 스님은 공덕功德을 원하여 공양供養을 드리는 사람들 중에서 가장 우월한 자이니라.

부처님께서는 이 노래를 읊어 수행자 〈케-니야〉에게 고마운 뜻을 표시하고, 자리에서 일어나 그곳을 떠나시매, 〈세-라〉는 자기의 제자들과 함께 다른 사람들을 멀리하고 꾸준히 수양에 힘써, 이윽고-여러 어진 남자들이 그것을 얻기 위하여 바로 집을 나와 집 없는 상태에 이르게 되었거니와-더 없는 깨끗한 행실의 구경을 이 세상에서 스스로 깨닫는 동시에, 이를 입증하고 구현具現하여 나날을 보내더라.

「태어나는 일은 끝났도다. 깨끗한 행위는 이미 이루어져 할 일을 다 했으니, 이제는 다시금 이러한 삶을 얻는 일이 없으리로다.」하고 깨달았느니라. 이리하여 〈세-라〉 장로長老는 성자의 한 사람이 되었느니라.

그 뒤 〈세-라〉 장로는 그 제자들과 함께 부처님

이 계신 곳에 찾아가, 옷을 바른 편 어깨에 걸치고, 부처님을 향해 합장하고 나서, 다음과 같은 노래를 지어 부처님에게 아뢰더라.

(20) 「세존이시여, 깨달은 자여, 지금부터 8일 전에 저희들은 부처님에게 귀의하였거니와, 7일 밤을 지나 저희들은 부처님의 가르침으로 하여 안정을 얻게 되었나이다.

(21) 부처님께서는 도를 깨달은 자이며, 거룩한 스승이시고, 악마의 정복자이시며, 현자로소이다. 부처님께서는 번뇌의 뿌리를 뽑아버리시고 스스로 거센 물결을 건너가셨으며, 또한 뭇 사람들을 건너게 하시나이다.

(22) 부처님은 모든 일에 사로잡히지 않고 여러 가지 더러운 번뇌를 멸하셨으며, 집착하는 일이 없는 사자獅子로서, 근심과 걱정을 버렸나이다.

(23) 이들 3백 명의 수행승은 합장하고 서 있나니 위대한 자여, 다리를 펴소서. 여러 수행자로 하여금 부처님을 배례케 하겠나이다.」 하더라.

8. 화살[102]

(1) 이 세상에서 인간의 생명은 미리 정한 바가 없어 언제까지 살는지 알 수 없으며, 참혹하고 짧기가 그지없어 고뇌로 연결되어 있느니라.

(2) 태어난 자들은 죽음을 면할 길이 없으며, 늙으면 세상을 떠나게 마련이니, 진실로 생명 있는 자들의 운명은 이러하니라.

(3) 잘 익은 과일은 빨리 떨어질 우려가 있나니, 이와 마찬가지로 생명을 지니고 태어닌 자들은 반드

---

102 화살 : 어느 재가在家의 신자가 아들을 잃고 애통한 나머지 7일간이나 음식을 전폐하고 있는 것을 불타께서 동정한 나머지 그의 집에 가서, 그의 슬픔을 제거하기 위하여 이 가르침을 베풀었다고 한다.

시 죽어야 하며, 언제나 죽음에 대한 두려움이 따르게 마련이니라.

(4) 이를테면, 인간의 목숨은 도공陶工이 만든 질그릇이 나중에는 모두 깨어지는 것과 같느니라.

(5) 어린이와 어른, 아둔한 자와 현명한 자를 막론하고 모두 죽음에 굴복하며, 누구나 반드시 죽어야 하느니라.

(6) 그네들은 죽음에 붙잡혀 저 세상에 가지만, 아버지도 그 자식을 구할 수 없으며, 친족도 그 친족을 구할 길이 없느니라.

(7) 보라, 친족들이 비통한 마음에 잠겨 있는데, 한 사람 한 사람 마치 도살장에 끌려가는 소와 같도다.

(8) 이처럼 세상 사람들은 죽음과 노쇠老衰로 하여 침해를 당하게 마련이니, 현명한 자는 세상의 참된 모습을 알고 슬퍼하지 않느니라.

(9) 그대는 온 자의 길을 모르며, 또한 간 자의 길도 모르나니, 삶과 죽음의 양극兩極을 보지 못하고 헛되이 울고불고 하더라.

(10) 마음이 엇갈리고 사리에 어두워 자기 자신을 해치고 있는 자가, 눈물과 슬픔에 잠김으로써 어떤 이득이 있다면, 현명한 자도 그렇게 하리로되,

(11) 눈물과 슬픔에 잠김으로써 마음의 평화를 얻을 수 없으며, 오직 그에게는 괴로움만이 더욱 성하여 몸이 쇠퇴할 따름이니라.

(12) 스스로 자기 자신을 해쳐 몸은 여위고, 보기 흉하게 될 따름이며, 그렇게 한다고 죽은 자들을 소생시킬 수는 없나니, 울고 불고 하는 것은 헛된 일이니라.

(13) 우환을 버리지 못하는 자는 점점 더 고뇌를 갖게 마련이니라. 죽은 자를 생각하여 흐느껴 우는 것은, 우환에 사로잡혀 있기 때문이니라.

(14) 또한 자기의 업業에 좇아서 죽어가는 자들을 보라. 그들 생명 있는 자들은 죽음에 사로잡혀 떨고 있도다.

(15) 사람들이 여러 가지 소망을 갖더라도, 나타나는 결과는 그와 다르며, 그렇게 기대에 어긋나게 마련인 것이 이 세상이니라.

(16) 비록 사람이 백 년 혹은 그 이상을 살더라도 나중에는 자기 친족들에게서 떠나 이 세상의 생명을 버리게 되나니,

(17) 받들어 섬길 수 있는 사람의 말을 잘 듣고, 죽은 자를 보고는 「그는 벌써 내 힘이 미치지 못하는 존재로다.」 이렇게 깨닫고는 비통한 생각을 버리라.

(18) 이를테면, 화재가 일어난 집을 물로 끄듯이, 지혜롭고 총명하고 선량한 자는 우환이 일어나면 이를 곧 멸해 버리나니, 이는 마치 바람이 목화씨를 날려버리는 것과 같느니라.

(19) 자기 자신의 평안을 원하는 자는, 비애와 탐욕 그리고 우환을 제거하여 번뇌의 화살을 빼버리라.

(20) 그리하여 집착하는 일이 없이, 마음의 평화를 얻게 되면, 모든 우환을 초월하여 근심 걱정이 없는 평안한 자가 되느니라.

9. 바-셋타

내가 듣건대-언젠가 부처님께서 「잇챠-낭가라」의 숲에 거주하실 때, 재산이 많은 여러 저명한 바라문들이 「잇챠-낭가라」 마을에 살고 있었나니, 이들은 즉 바라문 〈챤킨〉, 〈타-룻카〉, 〈폿카라사-치〉, 〈쟈-눗소-니〉, 〈토-데-야〉 및 그 밖의 큰 재산가인 저명한 바라문들이더라. 그때 〈바-셋타〉와 〈바-라드바-쟈〉라는 두 청년이 오래 앉아 있었기 때문에 피로를 풀기 위하여 무릎을 펴고 여기 저기 거닐다가 다음과 같은 토론을 하기 시작하더라. 〈바-셋타〉가 이르되,

「대체 바라문이란 무엇을 말하는가?」 하니, 〈바-라드바-쟈〉가 가로되,

「아버지 어머니가 다 함께 태생이 올바르고, 순결한 모태에서 태어나 7대 조상에 이르기까지 혈통에 관하여 아직 흠이 잡히지 않으며, 비난을 받은 일이 없으니, 바로 이 때문에 바라문이라 하노라.」하더라. 이에 〈바-셋타〉가 이르되,

「계율을 지키고 덕행을 갖추면 바라문이라고 할 수 있노라.」이리하여 〈바-라드바-쟈〉는 〈바-셋타〉를 설득할 수 없었으며, 〈바-셋타〉도 역시 〈바-라드바-쟈〉를 설복시킬 수 없는지라, 〈바-셋타〉가 이르되,

「〈바-라드바-쟈〉여, 석가족의 후손인 부처님께서는 출가出家하여 이곳 「잇챠-낭가라」 숲속에 거주하고 계시거니와 그는 존경할만한 자·깨달은 자·밝은 지혜와 원만한 행실을 지닌 자·복된 자·세상을 아는 자·가장 위대한 자·사람들을 화목하게 하는 인도자·신들과 인간의 스승·깨달은 자·거룩한 스승이라는 훌륭한 명성을 지니고 있느니라. 어서 부처님이 계신 곳에 가서 이에 대하여 물어보고 부처님께서 우리에게 내리시는 분명한 해답을 그

대로 인정함이 가당할지니라.」하니, 이에 〈바-라드
바-쟈〉는,

「찬동하노라.」하더라. 이리하여 두 젊은이는 부
처님이 계신 곳에 가서 반가히 인사를 드리고 한켠
에 앉더니, 이윽고 〈바-셋타〉가 노래를 지어 세존에
게 다음과 같이 아뢰더라.

(1) 「저희 두 사람은 삼三「베-다」의 학자라고 스
승에게서도 인정을 받고 있으며, 자신들도 그렇게
생각하고 있나이다. 저는 〈폿카라사-티〉의 제자이
며, 이 사람은 〈타-룻카〉의 제자이온데,

(2) 삼三「베-다」에 쓰여 있는 것을 모조리 알고
있나이다. 저희는 「베-다」의 어구語句와 문법에 정
통하며, 「베-다」의 낭송은 스승과 다름이 없나이다.

(3) 세존이시여, 그러나 저희는 혈통에 대하여 논
쟁하였나이다. 〈바-라드바-쟈〉는 《혈통에 의하여
바라문이 된다.》고 주장하는 반면에, 저는 《행위에
의하여 바라문이 된다.》고 주장하였나이다. 올바른
눈을 가지신 이여, 이를 용납하소서.

(4) 저희 두 사람은 서로 상대방을 설득시킬 수 없는지라, 도를 깨친 분으로 세상에 널리 알려진 부처님에게 묻고자 여기 왔나이다.

(5) 세상 사람들이 둥근 달을 향해 가까이 다가가 합장하고 배례하는 것처럼, 누구나 부처님을 배례하고 존경하나이다. 《세계의 눈》으로 나타나신 부처님에게 묻노니, 혈통에 의하여 바라문이 되나이까? 혹은 행위에 의하여 바라문이 되나이까? 저희가 바라문이 무엇인지 분명히 알 수 있도록 말씀해 주소서.」

(6) 부처님이 대답하시되, 「〈바-셋타〉여, 그대들을 위해 여러 생물들의 태생에 대한 구별을 순서를 좇아서 있는 그대로 설명하리니, 이는 그 종류가 다르기 때문이로다.

(7) 풀이나 나무에도 종류의 구별이 있음을 알아야 하거니와, 그것들은 《우리는 풀이다.》 하거나, 《우리는 나무다.》 하고 주장할 수 없으며, 그 특징은 그것들의 태생에 의거하나니, 이는 그 태생이 여러 가지로 다르기 때문이니라.

(8) 지네와 귀뚜라미에서 개미에 이르기까지의 벌

레에도 종류의 구별이 있음을 알라. 그 특징은 그것들의 태생에 의거하나니, 이는 그 태생이 여러 가지로 다르기 때문이니라.

(9) 작고 큰 네 발 짐승에도 종류의 구별이 있음을 알라. 그 특징은 그것들의 태생에 의거하나니, 이는 그 태생이 여러 가지로 다르기 때문이니라.

(10) 등이 길고 배로 땅 위를 이리 저리 기어다니는 것에도 종류의 구별이 있음을 알라. 그 특징은 그것들의 태생에 의거하나니, 이는 그 태생이 여러 가지로 다르기 때문이니라.

(11) 물속에서 나서 물속에 사는 물고기에도 종류의 구별이 있음을 알라. 그 특징은 그것들의 태생에 의거하나니, 이는 그 태생이 여러 가지로 다르기 때문이니라.

(12) 나음에 날개로 공중을 날아다니는 새들에게도 종류의 구별이 있음을 알라. 그 특징은 그것들의 태생에 의거하나니, 이는 그 태생이 여러 가지로 다르기 때문이니라.

(13) 이들 생물에 있어서는 태생에 따라서 여러

가지 특징이 있지만, 인류에게는 태생에 따르는 특징이 여러 가지로 다르다고 할 수 없느니라.

(14) 인류에게는 머리나, 머리칼에 대하여도 귀나, 눈, 입이나 코, 입술이나 눈썹에 대하여도 목이나 어깨, 배나 등허리, 궁둥이나 가슴, 음부나 성교에 대하여도, 손이나 발, 손가락이나 손톱, 정강이나 무릎, 얼굴이나 음성에도 다른 생물들처럼 태생에 의한 특징의 구별이 결코 없느니라.

(15) 세상에 태어나게 된 생물에게는 각각 구별이 있지만, 인간에게는 이러한 구별이 없으며, 인간에게 있는 구별이란 오직 명칭뿐이니라.

(16) 인간 가운데서 소를 길러서 생활하는 자[103]가 있다면, 그는 농부이며 바라문이 아님을 알라.

(17) 인간 가운데서 여러 가지 기능技能에 의하여 생활하는 자가 있다면, 그는 공인工人이며 바라문이 아님을 알라.

(18) 인간 가운데서 매매를 하여 생활하는 자가

---

103 소 : 주석註釋에서 경작耕作으로 해석함.

있다면, 그는 상인이며 바라문이 아님을 알라.

(19) 인간 가운데서 남에게 고용되어 생활하는 자가 있다면, 그는 고용인이며 바라문이 아님을 알라.

(20) 인간 가운데서 주어져 있지 않은 것을 부당하게 손에 넣어 생활하는 자가 있다면, 그는 도적이며 바라문이 아님을 알라.

(21) 인간 가운데서 무술에 의하여 생활하는 자가 있다면, 그는 무사이며 바라문이 아님을 알라.

(22) 인간 가운데서 제사를 지내주고 생활하는 자가 있다면, 그는 제관祭官이며 바라문이 아님을 알라.

(23) 인간 가운데서 마을이나 나라를 차지한 자가 있다면, 그는 왕이며 바라문이 아님을 알라.

(24) 우리는 바라문인 여자의 태 속에서 나고 바라문의 어머니로부터 태어난 자를 바라문이라고 부르지 않노라. 그는 「임자라고 부르는 자」[104]로 통용되거니와, 어떤 소유물에 사로잡혀 있느니라. 나는

---

104 임자라고 부르는 자 : 바라문을 말함, 그들은 서로 상대방을 향해 임자라고 부른다.

아무것도 지닌 것이 없고 집착이 없는 자를 바라문
이라고 부르노라.

(25) 모든 속박을 끊고, 두려움을 모르며, 일체의
집착을 초월하여 사로잡히지 않는 자를 나는 바라문
이라고 부르노라.

(26) 손으로 가죽끈과 밧줄, 그리고 올가미를 끊
어버리는 동시에 모든 장애를 제거한 깨달은 자를
나는 바라문이라고 부르노라.

(27) 죄가 없고 남에게서 욕 먹고 매를 맞으며 결
박을 당하는 것을 참는 인내성이 있으며, 마음이 용
감한 자를 나는 바라문이라고 부르노라.

(28) 화내는 일이 없고, 도리를 지키며, 계율을 받
들고, 욕심을 부리는 일이 없이 몸을 수양하여 최후
의 육신에 도달한 자를 나는 바라문이라고 부르노라.

(29) 연잎에 내린 이슬처럼, 송곳 끝에 있는 겨자
(芥子)씨와 같이, 여러 가지 욕정에 더럽히지 않은 자
를 나는 바라문이라고 부르노라.

(30) 이 세상세서 이미 자기의 고뇌가 멸하였음을
알며, 무거운 짐을 내리고 사로잡히는 일이 없는 자

를 나는 바라문이라고 부르노라.

(31) 지혜가 깊고 총명하며, 여러 가지 도에 통달하고, 최고의 목적에 도달한 자를 나는 바라문이라고 부르노라.

(32) 재가자在家者나 출가자出家者의 어느 누구하고도 어울리지 않고, 집 없이 돌아다니며, 욕심이 적은 자를 나는 바라문이라고 부르노라.

(33) 강하고 약한 어떤 생물에 대하여도 폭력을 쓰는 일이 없으며, 죽이지 않고 또 죽게 하지 않는 자를 나는 바라문이라고도 부르노라.

(34) 적개심을 갖고 있는 자들 속에서 적의를 갖지 않고, 폭력을 사용하는 자들 속에서 마음이 온유하며, 집착하는 자들 속에서 집착하지 않는 자를 나는 바라문이라고 부르노라.

(35) 겨자씨가 송곳 끝에서 떨어지는 것처럼, 애착과 증오와 거만과 은폐隱蔽[105]를 제거한 자를 나는 바라문이라고 부르노라.

---

105 은폐隱蔽 : 타인의 장점을 은폐하는 것.

(36) 난폭하지 않고, 말로 남의 감정을 상하지 않는 자를 나는 바라문이라고 부르노라.

(37) 이 세상에서 길고 짧고 가늘고 굵고 깨끗하고 더러운 것을 막론하고, 자기에게 주워져 있지 않은 것을 손에 넣으려고 하지 않는 자를 나는 바라문이라고 부르노라.

(38) 이 세상은 물론, 저 세상도 원치 않으며, 욕구가 없고 집착하지 않는 자를 나는 바라문이라고 부르노라.

(39) 무엇에도 매이는 일이 없이 도를 깨치고 의혹에서 벗어나, 결코 죽는 일이 없는 구경의 경지에 도달한 자를 나는 바라문이라고 부르노라.

(40) 이 세상의 화와 복, 그 어느 것에도 사로잡히지 않으며, 근심 걱정이 없고, 더러움에 물들지 않은 깨끗한 자를 나는 바라문이라고 부르노라.

(41) 구름이 끼지 않은 달처럼 맑고 깨끗하며, 흐려 있지 않고 즐거운 향락의 생활을 버린 자를 나는 바라문이라고 부르노라.

(42) 이 두렵고 험한 길과 윤회輪廻와 미망迷妄을

떠나서, 거센 물결을 건너 피안에 도달하고, 정신을
안정시켜 욕심과 의혹과 집착함이 없어 마음이 편안
한 자를 나는 바라문이라고 부르노라.

(43) 이 세상에서 모든 욕망을 버리고 집을 나와
두루 돌아다니며, 탐욕에 젖은 생활을 버린 자를 나
는 바라문이라고 부르노라.

(44) 이 세상의 애착을 끊어버리고 집을 나와 두
루 돌아다니며, 애착에 젖은 생활을 버린 자를 나는
바라문이라고 부르노라.

(45) 인간의 사슬을 버리고, 하늘의 속박에서도
벗어나, 모든 구속에서 떠난 자를 나는 바라문이라
고 부르노라.

(46) 쾌락과 고뇌를 버리고, 깨끗한 마음에 돌아
가 사로잡히는 일이 없이, 온 세계를 극복한 영웅을
나는 바라문이라고 부르노라.

(47) 모든 중생들의 죽음과 삶을 알며, 매이지 않
고 복되며 깨달은 자를 나는 바라문이라고 부르노라.

(48) 신들이나 귀신, 그리고 인간도 어디 갔는지
그 향방을 알 수 없으며, 번뇌의 때를 씻어버린 자를

나는 바라문이라고 부르노라.

(49) 전후 좌후를 막론하고 가진 것 하나 없으며, 집착하는 일이 없는 자를 나는 바라문이라고 부르노라.

(50) 황소처럼 씩씩하고 기개가 높으며, 영웅·대선인大仙人·승리자·욕심이 없는 자·때를 씻어버린 자·깨달은 자를 나는 바라문이라고 부르노라.

(51) 전세前世의 생애를 알고, 또한 천국과 지옥을 보며, 삶을 멸해 버린 자를 나는 바라문이라고 부르노라.

(52) 이 세상에서 부르는 이름이나 성은 널리 통용되는 명칭에 지나지 않으며, 사람이 세상에 태어났을 때마다 임시 방편으로 붙여서 사용할 따름이니라.

(53) 이러한 사실을 모르는 자들에게는 그릇된 선입관념이 오랫동안 깃들어 있어, 「태생에 의하여 바라문이 된다.」고 하느니라.

(54) 그러므로 태생에 의하여 바라문이 되거나, 또 되지 않거나 하는 일이 없으며, 행위에 의하여 바라문이 되기도 하고, 또 되지 않기도 하느니라.

(55) 행위에 의하여 농부가 되며, 행위에 의하여 공인工人이 되느니라. 행위에 의하여 상인이 되며, 행위에 의하여 고용인이 되느니라. 또한 행위에 의하여 도적이 되고, 행위에 의하여 무사가 되며, 행위에 의하여 제관祭官이 되고, 행위에 의하여 왕이 되느니라.

(56) 현자는 이렇게 행위를 여실히 통찰하나니, 그는 연기緣起[106]를 보는 자이며, 행위(業)와 그 과보果報를 잘 알고 있느니라.

(57) 세상은 행위에 의해 존재하며, 사람들도 행위에 의해 존재하느니라. 모든 중생은 행위(業)에 매어 있나니, 이는 마치 굴러가는 수레가 축軸에 연결되어 있는 것과 같느니라.

(58) 고행과 청정淸淨, 절제와 극기克己[107]에 의하여 바라문이 되나니, 이것이 가장 훌륭한 바라문이니라.

---

106 연緣이 되어서 결과를 일으킴.

107 이 네 가지는 「우파니샤드」에 기록되어 있는 수행修行.

(59) 세 가지 「베-다」(明知)[108]를 갖추어, 마음이 평화롭고, 다시 세상에 태어나는 일이 없는 자는, 여러 식자識者에게 범천梵天이요, 제석帝釋[109]이니라. 〈바-셋타〉여, 사리事理가 이와 같도다.」

이렇게 말씀하시는지라 〈바-셋타〉와 〈바-라드바-쟈〉는 부처님을 향하여 가로되,

「놀라운진저, 세존이시여. 마치 쓰러진 자를 일으키듯이, 뒤덮인 것을 열어젖히는 것처럼, 방향을 몰라 헤매는 자에게 길을 가리키는 것과 같이, 혹은 《눈뜬 자는 색깔을 보리라.》하고 어둠 속에서 횃불을 드는 양, 부처님께서는 여러 가지 방법으로, 진리를 밝히셨나니, 저희는 부처님에게 귀의하며, 법과

---

108 불교이전佛教以前에는 삼三「베-다」를 의미했지만, 불교에서는 「삼명三明」, 즉 숙명통宿命通, (자타自他의 전세前世의 생사상生死相을 아는 것), 천안통天眼通(자타自他의 내세來世의 생사상生死相을 아는 것), 누진통漏盡通(현재의 고뇌를 알고 이에서 벗어남)을 의미함.

109 범천梵天 제석帝釋 : 당시 인도인이 가장 숭배한 신神들.

수행승의 모임에 귀의 하나이다. 오늘부터 목숨이
다할 때까지, 부처님께서는 저희를 재가在家의 신자
로서 받아들이소서.」

10. 코 - 카 - 리야

내가 듣건대 –언젠가 부처님께서 「사 –밧티 –」의 「제 –타」숲, 고독한 자들에게 음식을 나누어 주는 장자長者[110]의 동산에 계실 때, 수행승 〈코–카리야〉는 부처님이 계시는 데 가서, 인사를 올리고 한켠에 앉아 이르되,

「세존이시여, 〈사 –리풋타〉와 〈목가라 –나〉에게는 사념邪念이 있어 이들은 나쁜 욕심에 사로잡혀 있나이다.」하니,

부처님이 수행승 〈코–카리야〉에게 가라사대,

「〈코–카리야〉여, 그렇게 말하지 말고, 〈사 –리풋

---

110 장자長者 : 인도에서 좋은 집안에 나서 많은 재산을 가지고 덕을 갖춘 사람을 장자라 한다.

타〉와 〈목가라-나〉를 믿고 사랑하라. 그들은 온유한 자들이니라.」하시더라. 이에 수행승 〈코-카리야〉는 다시 부처님에게 이르되,

「세존이시여, 저는 부처님을 신뢰하거니와, 〈사-리풋타〉와 〈목가라-나〉는 사념이 있어, 나쁜 욕심에 사로잡혀 있나이다.」하니, 부처님께서는 다시 수행승 〈코-카리야〉에게 가라사대,

「〈코-카리야〉여, 그렇게 말하지 말고, 〈사-리풋타〉와 〈목가라-나〉를 믿고 사랑하라. 그들은 온유한 자들이니라.」하시더라. 이에 수행승 〈코-카리야〉는 세 번 다시 부처님에게 이르되,

「세존이시여, 저는 부처님을 신뢰하거니와, 그러나 〈사-리풋타〉와 〈목가라-나〉는 사념이 있어, 나쁜 욕망에 사로잡혀 있나이다.」하니, 부처님께서는 세 번 다시 〈코-카리야〉에게 가라사대,

「〈코-카리야〉여, 그렇게 말하지 말고, 〈사-리풋타〉와 〈모가라-나〉를 믿고 사랑하라. 그들은 온유한 자들이니라.」하시더라. 이에 수행승 〈코-카리야〉는 자리에서 일어나, 부처님에게 배례하고 오른

편으로 돌아서 나가버리더니, 이윽고 온몸에 겨자씨
만한 부스럼이 돋아나더라. 처음에 겨자씨만 하던
것이 차차로 녹두알만 해지고, 녹두알만 한 것이 콩
알만 해졌으며, 콩알만 하던 것이 대추만 해지고, 대
추만 한 것이 감자만 해졌으며, 감자만 한 것이 익지
않은 호박만 해지고, 익지 않은 호박만 하던 것이 익
은 호박만 해지더니, 그것이 터져 고름과 피가 쏟아
져나와 수행승 〈코-카리야〉는 그 병때문에 죽었으
되, 그는 〈사-리풋타〉와 〈목가라-나〉를 미워하였
기 때문에 홍련지옥紅蓮地獄에 태어나더라.

그때 「사바」 세계[111]의 임자인 범천梵天은 자정이
지났을 무렵에 화려한 모습을 하고 「제-타」 숲을 샅
샅이 밝히며, 부처님이 계신 곳에 이르러 부처님에
게 배례하고 한켠에 서서 가로되,

「세존이시여, 수행승 〈코-카리야〉는 죽었나이
다. 그는 〈사-리풋타〉와 〈목가라-나〉를 미워하였

---

111 사바세계(Saba) : 불교에서 말하는 삼천대천세계三千大
千世界.

기 때문에 죽어서 홍연지옥에 태어났나이다.」말을 마치고, 부처님에게 배례하고 오른편으로 돌아서 그 자리를 떠나더라.

부처님은 날이 밝자 수행승들에게 가라사대,

「여러 수행승들이여, 어젯밤 사바세계의 임자인 범천이 자정이 지났을 무렵에 화려한 모습을 하고, 「제-타」숲을 샅샅이 밝히며, 내가 있는 곳에 이르러 나에게 배례하고 한켠에 서서 가로되,《세존이시여, 수행승 〈코-카리야〉는 죽었나이다. 그는 〈사-라풋타〉와 〈목가라-나〉를 미워하였기 때문에, 죽어서 홍련지옥紅蓮地獄에 태어났나이다.》이렇게 말하고 나서, 나에게 배례하고, 오른편으로 돌아서 그 자리를 떠났느니라.」하시니, 한 수행승이 부처님에게 가로되,

「세존이시여, 홍련지옥에 있어서의 수명은 얼마나 되나이까?」

「수행승이여, 홍련지옥에서의 수명은 하도 길어서 이를 몇 년이라거나 몇백 년이라거나, 몇천 년이라거나, 또는 몇십만 년이라고 셈하기가 어려우니

라.」

「세존이시여, 그러나 비유로 설명하실 수 있지 않
겠나이까?」

「그것은 가능하도다.」 하고 부처님이 가라사대,

「예컨대, 수행승이여, 「코-사라」 나라의 되로 재
어서 20「카-리카」가 되는 깨(胡麻) 한 차량분이 있
는데, 이 깨 한 알을 운반하는 데 한 사람이 백 년 걸
리는 것으로 간주하여, 이 깨가 전부 없어졌다고 하
더라도, 한 「앗부다」 지옥은 아직도 끝장이 나지 않
느니라. 그런데 예컨대, 스물의 「앗부다」 지옥은 한
「니랏부다」 지옥과 비등하며, 스물의 「니랏부다」 지
옥은 한 「아바바」 지옥과 비등하고, 스물의 「아바
바」 지옥은 한 「아하하」 지옥과 비등하며, 스물의
「아하하」 지옥은 한 「아타타」 지옥과 비등하고, 스
물의 「아타타」 지옥은 한 황련지옥黃蓮地獄과 비등
하며, 스물의 황련지옥은 한 백수련지옥白睡蓮地獄
과 비등하고, 스물의 백수련지옥은 한 청련지옥淸蓮
地獄과 비등하며, 스물의 청련지옥은 한 백련지옥白
蓮地獄과 비등하고, 스물의 백련지옥은 한 홍련지옥

紅蓮地獄과 비등하니라. 그런데 수행승이여, 〈코-카리야〉 수행승은 〈사-리풋타〉와 〈목가라-나〉를 미워했기 때문에 홍련지옥에 태어났도다.」

부처님은 이렇게 말씀하시고 다시 다음과 같이 설법하시더라.

(1) 사람이 이 세상에 태어났을 때에는, 입 속에 도끼(斧)가 생기나니, 어리석은 자는 당치 않은 말을 하여, 그 도끼에 자기 자신이 찍히느니라.

(2) 비난해야 할 자를 찬양하고, 찬양해야 할 자를 비난하는 사람은 입으로 죄를 거듭하여, 그 때문에 즐거움을 누리지 못하느니라.

(3) 도박을 하여 재산을 잃는 자는, 비록 자기 자신을 포함하여 모든 것을 잃는다 하더라도 그 불행은 대단할 것이 없시만, 완전한 경지에 도달한 자들에 대하여 악의惡意를 품는 자의 죄는 실로 무거운 것이니라.

(4) 고약한 심사로 성자를 욕하고 탓하는 자는, 10만하고 36의 「니랏부다」 지옥과 5 「앗부다」 지옥에

이르느니라.

(5) 거짓말을 하는 자는 지옥에 떨어지나니, 이는 또한 실제로 했는데도 「나는 하지 않았소이다.」하고 가면을 쓰는 자도 마찬가지니라. 이 두 사람 다 행위가 비열하며, 죽은 뒤에는 같은 내세來世를 더듬게 되느니라.

(6) 남을 해치려 하지 않으며 마음이 깨끗하고 때 묻지 않은 자를 미워하는 어리석은 자에게는 반드시 재앙이 되돌아오나니, 이는 바람결에 거슬러 먼지를 뿌리는 것과 같느니라.

(7) 여러 가지 탐욕을 일삼으며, 신앙심이 없고 인색하며 불친절하고 자기 실속만 차리려 들며, 이간질을 시키는 말을 즐겨 입 밖에 내는 자는 말로써 남을 훼방하나니,

(8) 입버릇이 나쁘고 성실치 못한 천한 자여, 또한 생명 있는 자를 죽이고 마음이 고약하여 악을 일삼는 자여, 야비하고 양순치 못한 자여, 이 세상에서 너무 입만 놀리지 말지어다.

(9) 너는 손수 사방에 먼지를 뿌려 해를 입고, 여러

어진 사람들을 비난하여 죄를 지으며, 또한 악한 일을 많이 하여 오랫동안 깊은 지옥에 떨어지리로다.

(10) 어떤 사람의 업業도 멸하는 일이 없나니, 그것은 반드시 되돌아와 그 업을 이룬 임자가 이를 받게 마련이니라. 어리석은 자는 죄를 범하여, 내세에 가서 고통을 받게 되느니라.

(11) 지옥에 떨어진 자는 쇠망치에 얻어맞고 철창에 갇히게 마련이니, 그 벌겋게 달은 쇠부치야말로 일찍이 저지른 업에 해당한 음식으로서 대접을 받게 되느니라.

(12) 지옥에 있는 나졸들은 「붙잡아라」, 「때려라」하고, 난폭한 말을 퍼부으며, 상냥하게 대해 주는 일이 없나니, 지옥에 떨어진 자들은 누구나 펄펄 타오르는 엄청난 숯불 위에 앉게 마련이니라.

(13) 또한 거기서는 지옥의 나졸들이 철사로 만든 그물로 이 지옥에 떨어진 자들을 사로잡아 쇠망치로 사정없이 때리느니라. 그리하여 이윽고 새까만 암흑 속에 이르나니, 그 암흑은 마치 안개처럼 주위에 수북히 펴져 있느니라.

(14) 다음에 지옥에 빠진 자들은 불이 피어오르는 구리(銅)로 만든 가마 속에 들어가 오랫동안 삶아지고, 그 가마 속에서 엎치락뒤치락하게 되느니라.

(15) 또한 고름이나 피가 뒤섞인 가마가 있어, 죄를 범한 자는 그 속에서 삶아지게 마련이니, 이들은 그 가마 속에서 어디로 향하든 고름과 피로 뒤범벅이 되느니라.

(16) 다음에 지렁이가 우글거리는 물가마가 있어, 죄를 범한 자는 그 속에서 삶아지게 마련이로되, 나오려고 버둥거리거나 손을 휘저어도 붙잡을 데가 없나니, 이는 그 가마의 위는 안쪽이 휘어서 둘레가 모두 한결같기 때문이니라.

(17) 또 날카로운 칼날이 수북하여, 지옥에 떨어진 자들이 그 속에 들어가면 팔다리가 절단되며, 나졸들은 집게로 혀를 집어 마구 잡아다니며 욕을 보이느니라.

(18) 그리고 지옥에 떨어진 자들은, 예리한 면도날이 있는 「베-타라니-」강에 이르게 되거니와,

(19) 거기에는 얼룩진 개와 검은 까마귀 떼, 그리

고 들여우가 있어, 소리소리 울부짖는 그들을 악착같이 뜯어먹으며, 솔개나 서릿까마귀까지 쪼아 먹나니,

(20) 죄를 범한 자가 받게 되는 이 지옥살이는 실로 비참하니라. 그러므로 누구나 이 세상에서 삶을 누리고 있는 동안에 아무쪼록 마땅히 해야 할 일을 할지며, 결코 이를 소홀히 하여서는 안 되느니라.

(21) 홍련지옥에 운반된 자가 생존할 수명의 햇수는, 수레에 가득 실은 깨알만치나 된다고 여러 지혜로운 자들은 계산하였나니, 그것은 즉 5조 년과 5천만 년이나 되더라.

(22) 여기서 말한 지옥의 괴로움이 아무리 오래 계속되더라도, 이 기간은 지옥에서 물려 있어야 하나니, 누구나 깨끗하고 선량한 미덕을 위해 항시 그 말과 마음을 잘 가다듬을지어다.

11. 나 – 라카

(1) 언제나 희희낙락하며 깨끗한 옷을 입고 있는 30명의 신[112]들이, 옷깃을 잡고 경건한 마음으로 제석천帝釋天을 몹시 찬양하는 것을, 〈아시타〉 선인仙人이 하루의 휴식을 하는 도중에 보고 가로되,

(2) 「그대들이 떼를 지어 매우 즐거운 얼굴을 하고 있는 것은 무슨 끼닭인가? 어찌하여 그대들은 옷깃을 잡아 흔드는가?

(3) 비록 아수라亞修羅와 싸워서 이겼다 하더라도, 이토록 몸에서 잔털이 빠질 정도로 기뻐할 수는 없

---

112 30명의 신 : 33명의 신들(三十三天)을 말함. 이것은 「베-다」 성전聖典에서 모든 신의 수를 33이라고 생각한데서 비롯되며 보통 불전佛典에서는 33천天이라고 함.

을 터인즉, 어떤 희귀한 일을 보았기에 그렇게 기뻐하는가?

(4) 그대들은 큰소리로 외치고 노래하며, 악기를 연주하고 손뼉을 치며 춤추거니와, 수미산須彌山 꼭대기에 살고 있는 그대들에게 묻노니, 내 의문을 어서 풀어 달라.」

(5) 신들이 대답하여 가라사대, 「이를데 없는 신묘한 보물인 저 보─디사타(불타)가 만민의 이익과 안락을 위해 인간세계, 석가족의 마을인 「룬비니─」의 부락에 태어났으니, 우리는 마음이 흡족하고 기뻐서 어쩔줄을 모르노라.

(6) 중생들 가운데서 가장 뛰어난 자, 가장 고귀한 자, 황소와 같은 자, 생명 있는 모든 무리들 중에서 가장 높은 자는 이윽고 《선인들이 모이는 곳》이라는 이름을 가진 숲에서, 사나운 사자가 백수百獸를 억누르고 울부짖는 것처럼 법륜法輪[113]을 굴리게 될지니라.」

(7) 선인仙人은 신들의 그 말소리를 듣고 급히 인

---

113 설법함을 말함.

간세계에 내려와 〈숫도-다나〉[114]왕의 궁전 근처에 앉아서 석가족에게 가로되, 「왕자는 어데 있느뇨, 나도 찾아뵙고자 하노라.」 하니,

(8) 이에 여러 석가족들은, 용광로에서 솜씨 있는 금세공金細工이 다듬은 황금처럼 행복해 빛나는 존귀한 얼굴을 한 어린이를 〈아시타〉라는 선인에게 보이더라.

(9) 불꽃같이 빛나고, 하늘을 지나가는 성왕聖王(달)처럼 맑으며, 구름에서 벗어난 가을 태양같이 반짝이는 어린이를 보고 선인은 환희에 가득 차,

(10) 신들은 살이 천 개나 되는 우산을 공중에 받고 황금 손잡이가 달린 부채를 아래 위로 부쳤으되, 그 양산이나 부채[115]를 손에 든 자는 찾아볼 수 없는지라.

(11) 이에 〈아시타〉라는 결발結髮한 선인은 머리 위에 흰 양산을 바치고 붉은 털담요 속에 있는 황금 같은 어린이를 마음속으로 기꺼이 껴안더라.

---

114 숫도-다나(Suddhodana) : 불타의 아버지 이름.

115 왕자王者의 징표徵標.

(12) 관상과 「베-다」에 정통한 그는, 석가족의 황소 같은 훌륭한 어린이를 껴안고, 그 특수한 용모를 살펴보더니 기쁨을 참지 못하여 「이 어린이는 인간으로서 둘도 없는 가장 뛰어난 자이니라.」하고 소리 높이 외치더니,

(13) 이윽고 자기의 앞날을 생각하고, 우울에 사로잡혀 울고 있는 선인을 보고 석가족이 가로되, 「우리의 왕자에게 불길한 일이라도 있겠나이까?」

(14) 이렇게 석가족이 두려워하는 기색을 보자, 선인이 가로되, 「나는 왕자에게 불길한 상相이 있다고 생각지 않으며, 또한 그에게 상서롭지 못한 일은 없을 것으로 알고 있노라. 이 사람은 범상치 않으니 잘 돌보아줄지어다.

(15) 이 왕자는 도의 극치를 깨닫게 될 터이며, 열반에 도달하여 많은 사람들의 이익을 도모하고, 이들에게 자비를 베풀며, 법륜法輪을 굴리게 되리로다. 그의 깨끗한 행실[116]은 널리 세상에 퍼지리라.

---

116 깨끗한 행실 : 불타의 가르침을 뜻함. 따라서 그의 행실이란 실천을 의미함.

(16) 그런데 이 세상에서 내 여생은 얼마 남지 않았으니, 이윽고 나에게 죽음이 닥쳐오면, 나는 이 비할 바 없는 권능權能을 지닌 자의 가르침을 들을 수 없을 터이므로 서글퍼하노라.」

(17) 이리하여 그 순결한 수행자 〈아시타〉 선인은 석가족들을 크게 기쁘게 하고, 궁정으로부터 사라지더라. 이윽고 그는 자기의 조카 〈나-라카〉를 측은히 생각하고, 그 비할 바 없는 권능을 지닌 자의 설법에 따르도록 권유하여 가로되,

(18) 「만일 네가 훗날에《여기 깨달은 자가 있어, 도를 깨치고 진리의 길을 가도다.》하는 소리를 듣는다면, 그때 거기 가서 그의 가르침을 듣고 그 스승에게서 깨끗한 행실을 닦으라.」

(19) 이리하여 애써 남을 위하고, 앞날의 열반涅槃을 미리 내다본 그 현자의 지시대로 여러 가지 선근善根[117]을 쌓은 〈나-라카〉는, 〈아시타〉 선인이 말한

---

117 좋은 과보果報를 받을 좋은 인因. 선근善根을 심으면 반드시 선과善果를 낳음.

위대한 승리자(붓타)를 대망待望하면서 자기 자신의
감관感官을 삼가 억제하고 마음을 근신하며 살아가
더라.

(20) 이윽고 위대한 승리자가 법륜法輪을 굴린다
는 소문을 듣게 되고 〈아시타〉〈선인〉의 예언이 실
현되었을 때, 그는 가장 뛰어난 선인(붓타)을 찾아보
고 기꺼워하며, 그 거룩한 성자에게 성스러운 행위
에 대하여 가르침을 물었나니, 이로써 머리말의 시
구詩句는 끝났도다.

(21) 〈나 –라카〉가 가로되, 「저는 〈아시타〉가 한
말을 분명히 알겠나이다. 세존이시여, 일체의 사물
에 통달하신 부처님에게 묻고자 하나이다.

저는 출가한 몸으로 시물施物을 얻어드리는 수행
을 하고자 하온데, 성스러운 행위와 최상의 도에 대
하여 말씀해 주소서.」

(22) 부처님이 가라사대, 「나는 너에게 성스러운
행실을 가르쳐 주리로다. 이는 실천하기 어렵고, 이
루기 힘드니라. 내 이를 너에게 말하노니, 매사每事
에 있어서 엄격하고 견실하라.

(23) 마을에 가서는, 욕설을 듣거나 존경을 받거나 똑같은 태도를 취하여, 욕설을 들어도 화를 내지 않도록 주의하며, 존경을 받아도 냉정한 태도를 취하고 결코 거만을 부리지 말라.

(24) 비록 동산의 숲속에 있어도, 여러 가지 정념 情念이 이 불꽃처럼 이느니라. 때때로 부녀자는 성자도 유혹하나니, 부녀자로 하여금 유혹케 말라.

(25) 이성을 멀리하며, 여러 가지 욕망을 버리고, 약하고 강한 모든 중생에 대하여 적대하지 않음은 물론, 애착도 느끼지 말라.

(26) 「그들도 나와 마찬가지이며, 나도 그네들과 마찬가지니라.」 이렇게 생각하여 자기 자신에 비추어 보고 생명 있는 자를 죽여서는 안되며, 또한 타인으로 하여금 죽이도록 하여서도 안 되느니라.

(27) 평범한 자들이 사로잡히는 욕망과 집념에서 떠나, 올바른 눈을 가진 자는 참된 길을 걸어가라. 그리하여 이 지옥에서 떠나라.

(28) 배를 주리고 음식을 절제하여, 탐내는 일이 없도록 하라. 배불리 먹으려는 욕망에 염증을 느껴

욕심을 부리지 않으면, 마음의 평화를 얻을지니라.

(29) 성자는 탁발托鉢을 위해 돌아다닌 후에, 산림을 찾아 나무 아래 앉을지니라.

(30) 또한 성자는 정신의 안정을 누리는 데 마음을 다하여 산림 속에서 즐기며, 나무 아래서 명상에 잠기고, 스스로 크게 만족할지니라.

(31) 이윽고 날이 밝으면, 마을을 찾아가라. 신도들로부터 초대를 받거나 또는 마을 사람들이 음식을 갖다준다고 결코 기뻐하여서는 안 되느니라.

(32) 성자는 마을에 이르러, 황급히 집집을 찾아다녀서는 안되며, 침묵을 지켜, 음식을 구한다는 말을 입 밖에 내지 말라.[118]

(33) 「음식을 얻게 된 것은 잘된 일이니라.」 동시에 「얻지 못하게 된 것도 또한 잘 된 일이니라.」 하고 온전한 자는, 그 어느 경우에도 태연한 마음으로 돌아오나니, 이는 마치 과일을 구하여 과일나무 밑

---

118 성자聖者는 「벙어리와 같을지어다」 하는 것이 인도에서는 이상理想으로 되어 있다.

에 간 자가, 과일을 얻거나 얻지 못하여도 태연히 돌아오는 것과 같느니라.

(34) 그는 바리를 손에 들고 돌아다니며, 말이 없으므로 벙어리는 아니지만, 남들은 벙어린 줄 생각하리라. 시물이 적다고 야속하게 생각하고 시여하는 자를 멸시하지 말라.

(35) 부처님께서는 높고 낮은 여러 가지 도를 설법하셨나니, 그는 다시 피안에 이르는 일이 없거니와, 단번에 피안에 이르는 일도 없느니라.[119]

(36) 윤회의 흐름을 끊어버린 수행승에게는 집착이 없으며, 해야 할 선과 해서는 안될 악을 버렸으니, 번뇌가 없도다.」

(37) 부처님이 계속해서 가라사대, 「나는 그대에

---

119 높고 혹은 낮은 여러 가지 도 : 「높고」란 「곧 깨닫는 쉬운 도道, 「낮은」이란 「늦게 깨닫는 괴로운 도道」를 말함. 다시 피안에…단번에 피안 -한번 피안(열반)에 도달한 자는 다시 거기에 이를 필요가 없다. 또한 단번에 모든 번뇌를 끊어버릴 수는 없으므로, 단번에 피안에 도달할 수도 없다.

게 성자의 길을 고하리라. 음식을 먹을 때에는 면도날의 비유[120]로써 하라. 혀로 윗입술을 누르고, 뱃속에 들어갈 음식을 절제할지니라.

(38) 마음이 침체沈滯해서는 안되며, 또한 무작정 많은 것을 생각해서도 안 되느니라. 비린내를 풍기지 않고, 집착하지 않는 깨끗한 행위를 구경의 근거로 삼으라.

(39) 혼자 앉아 있는 것을 배우고, 도인道人을 섬기는 것을 배우라. 성자의 길은 혼자 있는 데서 비롯된다고 하나니, 혼자 있어야 즐길 수 있느니라.

(40) 그렇게 하면 그는 사방에 빛을 던지게 되니, 욕망을 버리고 명상에 잠겨 있는 여러 현자의 명성을 들으면, 내 제자들은 부끄러움을 느끼고 더욱 신앙심을 일으킬지어다.

(41) 이를 깊은 못과 얕은 물에 견주어 보라. 얕은 여울물은 소리를 내며 흐르지만, 큰 강물은 소리 없

---

120 면도날의 비유 : 면도칼날에 붙은 꿀을 빨아먹을 때에는 혀를 베지 않도록 조심한다는 비유.

이 흐르도다.

(42) 부족한 여러 가지 시끄러운 것은 소리를 내지만 충족한 것은 조용하나니, 어리석은 자는 절반즘 물이 든 병과 같으며, 현명한 자는 물이 가득 찬 병과 같느니라.

(43) 도인이 뜻깊은 말을 많이 하는 것은, 스스로 알고 그렇게 설법함이니라.

(44) 그러나 스스로 알고 자기를 억제하여 여러 말을 하지 않는다면, 그는 성자로서의 행실에 합당하며, 성자의 행실을 체득한 것이니라.」

12. 두 가지 관찰

　내가 들건대-언젠가 부처님이 「사-밧티-」의 동산에 있는 〈미가-라〉의 어머니가 사는 누각樓閣에 계셨나니, 그 무렵에 부처님께서는 그 날짜가 정해진 모임(布薩)[121]이 있는 날과 만월이 되는 15일 밤에, 수행승(비구)의 무리에 에워싸여 밖에서 기거하시더라. 부처님은 수행승의 무리를 묵묵히 돌아보시고, 그들에게 가라사대,

　「여러 수행승들이여, 선량하고 존귀하며, 세속에서 떠나 도를 깨치는 것은 어디까지나 진리가 소중

---

121 포살布薩 : 보름마다(15일과 29일 또는 30일) 스님네가 모여 계경戒經을 설하여 들리며, 그 보름 동안에 죄가 있으면 참회하여 선을 기르고 악을 없이 하는 의식.

하기 때문이거니와, 그대들이《이러한 진리를 탐구하는 것은 무슨 까닭인가.》하고 묻는 자 있으면, 수행승들이여,《두 가지의 진리를 분명히 알기 위함이라.》고 대답하라. 그런데 그 두 가지 진리란《이것은 괴로움이여, 이것은 괴로움의 원인이다.》하는 것이 그 첫째의 관찰이고,《이것은 괴로움의 소멸이며, 이것은 괴로움의 소멸에 이르는 길이다.》하는 것이 둘째의 관찰이니라. 수행승들이여, 이렇게 두 가지를 관찰하여 꾸준히 힘쓰는 수행승에게는, 두 과보果報 중에서 어느 하나의 과보를 기대할 수 있느니라. 다시 말하면, 이 세상에서 도를 깨쳐 해탈에 이르거나, 혹은 번뇌의 나머지가 있으면, 혼미混迷한 이 삶에 되돌아오지 않게 되느니라.」하시더라. 부처님께서는 이렇게 말씀하시고, 다시 이어서 다음과 같이 설법하시더라.

(1) 괴로움을 모르며, 괴로움이 일어남을 모르고, 또한 괴로움이 남김없이 소멸되는 곳도 모르며, 괴로움이 소멸되는 저 길도 모르는 자들,

(2) 그들은 마음의 해탈과 지혜의 해탈을 이룰 수 없으며, 윤회輪廻를 종멸시킬 수 없으니, 그들은 실로 속된 삶과 노쇠함을 누리느니라.

(3) 그러나 괴로움을 알고, 괴로움이 일어남을 알며, 또한 괴로움이 남김없이 소멸되는 곳을 알고 괴로움이 소멸되는 저 길을 아는 자들,

(4) 그들은 마음의 해탈과 지혜의 해탈을 이루어, 윤회를 종멸시킬 수 있나니, 그들은 속된 삶과 노쇠함을 누리지 않느니라.

「수행승들이여,《또한 다른 방법에 의해서도 두 가지 사실을 올바로 관찰할 수 있는가?》하고 만일 그대들에게 묻는다면,《있노라.》고 대답해야 하느니라. 어찌하여 있느냐 하면,《괴로움은 모두가 소인素因[122]에 의해 일어난다.》는 것이 첫째의 관찰이지만,《그러나 소인에서 완전히 떠나 이를 종멸시키면, 괴로움이 얼어나는 일이 없다.》는 것이 둘째의 관찰이

---

122 소인素因 : 미래의 윤회輪廻를 형성하는 근원.

니라. 수행승들이여, 이렇게 두 가지를 잘 관찰하여 꾸준히 힘쓰는 수행승에게는, 두 과보果報 중에서 어느 하나의 과보를 기대할 수 있느니라. 다시 말하면, 이 세상에서 도를 깨쳐 해탈에 이르거나, 또한 번뇌의 나머지가 있으면 혼미한 이 삶에 되돌아오는 일이 없게 되느니라.」하시더라. 부처님께서는 이렇게 말씀하시고, 다시 이어서 다음과 같이 설법하시더라.

(5) 이 세상의 모든 괴로움은 삶(生存)의 소인素因에 의해 일어나니, 이를 모르고 삶의 소인을 만드는 어리석은 자는 번번히 괴로움을 받게 마련이니라. 그러므로 사리를 분명히 알고 괴로움이 일어나는 원인을 헤아려 소인을 만들지 말라.

「수행승들이여《또한 다른 방법에 의해서도 두 가지 사실을 올바로 관찰할 수 있는가?》하고 만일 그대에게 묻는다면《있노라.》고 대답해야 하느니라. 어찌하여 있느냐 하면,《괴로움은 모두가 무명

無明[123]에서 일어난다.》는 것이 첫째의 관찰이지만, 《그러나 무명에서 완전히 떠나 이를 종멸시키면, 괴로움이 일어나는 일이 없다.》는 것이 둘째의 관찰이니라. 이렇게 두 가지를 잘 관찰하여 꾸준히 힘쓰는 수행승에게는, 두 과보果報 중에서 어느 하나의 과보를 기대할 수 있느니라. 다시 말하면, 이 세상에서 도를 깨쳐 해탈에 이르거나, 혹은 번뇌의 나머지가 있으면, 혼미한 이 삶에 되돌아오는 일이 없게 되느니라.」 하시더라. 부처님께서는 이렇게 말씀하시고, 다시 이어서 다음과 같이 설법하시더라.

(6) 이 상태에서 저 상태로 되풀이하여 삶과 죽음의 윤회輪廻를 받아들이는 자들은 그 귀취歸趣[124]가 언제나 무명無明에서 비롯되나니,

(7) 무명이란 크게 마음이 헷갈림을 말하며, 이로 인하여 이 오랜 윤회가 나타나느니라. 그러나 밝은

---

123 무명無明 : 불교의 진리를 알지 못함을 말함.

124 귀취歸趣 : 귀추歸趨와 같은 말이며, 어떤 결과로서 귀착하는 바. 귀착하는 곳.

지혜를 갖게 된 자들은 다시 삶(生存)을 얻는 일이 없느니라.

「수행승들이여,《또한 다른 방법에 의해서도 두가지 사실을 올바로 관찰할 수 있는가?》하고 만일 그대에게 묻는다면,《있노라.》고 대답해야 하느니라. 어찌하여 있느냐 하면,《괴로움은 형성력形成力에 의히여 일어난다.》는 것이 첫째의 관찰이지만,《그러나 형성력에서 완전히 떠나 이를 종멸시키면, 괴로움이 일어나는 일이 없다.》는 것이 둘째의 관찰이니라. 이렇게 두 가지를 잘 관찰하여 꾸준히 힘쓰는 수행승에게는, 두 과보果報 중에서 어느 하나의 과보를 기대할 수 있느니라. 다시 말하면, 이 세상에서 도를 깨쳐 해탈에 이르거나, 혹은 번뇌의 나머지가 있으면, 혼미한 이 삶에 되돌아오는 일이 없게 되느니라.」하시더라. 거룩한 부처님께서는 이렇게 말씀하시고, 다시 이어서 다음과 같이 설법하시더라.

(8) 어떠한 괴로움이 일어나더라도 그것은 모두

형성력形成力에서 비롯되는 것이니, 여러 가지 형성력이 소멸되면, 괴로움이 일어나는 일이 없느니라.

(9) 「괴로움은 형성력에서 비롯된다.」는 이러한 두려운 사실을 알고, 일체의 형성력을 소멸시켜 욕심을 억제하면 괴로움은 소멸되나니,

(10) 이를 분명히 알아서 올바로 보고, 올바로 느끼게 된 여러 현자, 즉 「베-다」의 달인達人들은 악마의 사슬에서 벗어나, 다시 삶을 누리는 일이 없느니라.

「수행승들이여, 《또한 다른 방법에 의해서도 두 가지 사실을 올바로 관찰할 수 있는가?》하고 만일 그대에게 묻는다면, 《있노라.》고 대답해야 하느니라. 어찌하여 있느냐 하면, 《괴로움은 모두가 식별작용識別作用에 의하여 일어난다.》는 것이 첫째의 관찰이지만, 《그러나 식별작용에서 완전히 떠나 이를 종멸시키면, 괴로움이 일어나는 일이 없다.》는 것이 둘째의 관찰이니라. 이렇게 두 가지를 잘 관찰하여 꾸준히 힘쓰는 수행승에게는, 두 과보果報 중에서 어느 하나

의 과보를 기대할 수 있느니라. 다시 말하면, 이 세상에서 도를 깨쳐 해탈에 이르거나, 혹은 번뇌의 나머지가 있으면, 혼미한 이 삶에 되돌아오는 일이 없게 되느니라.」 하시더라. 부처님께서는 이렇게 말씀하시고, 다시 이어서 다음과 같이 설법하시더라.

(11) 어떠한 괴로움이 일어나더라도 그것은 모두 식별작용識別作用에서 비롯되는 것이니, 식별작용이 소멸되면 괴로움이 일어나는 일이 없느니라.

(12)「괴로움은 모두가 식별작용에서 비롯된다.」는 이러한 두려운 사실을 분명히 알고 식별작용을 종식시킨 수행자修行者는 쾌락을 탐내지 않고, 마음의 평화를 누리느니라.

「수행승들이여,《또한 다른 방법에 의해서도 두 가지 사실을 올바로 관찰할 수 있는가?》하고 만일 그대에게 묻는다면,《있노라.》고 대답해야 하느니라. 어찌하여 있느냐 하면,《괴로움은 모두가 접촉에 의하여 일어난다.》는 것이 첫째의 관찰이지만,《그

러나 접촉接觸에서 완전히 떠나 이를 종멸시키면, 괴
로움이 일어나는 일이 없다.》는 것이 둘째의 관찰이
니라. 이렇게 두 가지를 잘 관찰하여 꾸준히 힘쓰는
수행승에게는, 두 과보果報 중에서 어느 하나의 과보
를 기대할 수 있느니라. 다시 말하면, 이 세상에서
도를 깨쳐 해탈에 이르거나, 혹은 번뇌의 나머지가
있으면, 혼미한 이 삶에 되돌아오는 일이 없게 되느
니라.」 하시더라. 부처님께서는 이렇게 말씀하시고,
다시 이어서 다음과 같이 설법하시더라.

　(13) 접촉에 사로잡히고, 생존의 물결에 밀려 그
릇된 길을 가는 자들은 속박의 소멸에서 멀리 떠나
있느니라.
　(14) 그러나 접촉에 대하여 분명히 알고, 평안을
즐기는 자들은 실로 접촉을 종멸시키기 때문에, 쾌
락을 느끼는 일이 없이 마음의 평화를 누리느니라.

　「수행승들이여,《또한 다른 방법에 의해서도 두
가지 사실을 올바로 관찰할 수 있는가?》 하고 만일

그대에게 묻는다면,《있노라.》고 대답해야 하느니라. 어찌하여 있느냐 하면,《괴로움은 모두가 감수感受에 의하여 일어난다.》는 것이 첫째의 관찰이지만,《그러나 여러 가지 감수에서 완전히 떠나 이를 종멸시키면, 괴로움이 일어나는 일이 없다.》는 것이 둘째의 관찰이니라. 이렇게 두 가지를 잘 관찰하여 꾸준히 힘쓰는 수행승에게는, 두 과보 중에서 어느 하나의 과보를 기대할 수 있느니라. 다시 말하면, 이 세상에서 도를 깨쳐 해탈에 이르거나, 혹은 번뇌의 나머지가 있으면, 혼미한 이 삶에 되돌아오는 일이 없게 되느니라.」 부처님께서는 이렇게 말씀하시고, 다시 이어서 다음과 같이 설법하시더라.

(15) 즐거움이거나 괴로움이거나, 또 이것도 저것도 아니거나, 안팎으로 감수感受된 모든 것은,

(16) 고뇌임을 알고, 쇠망하여 버리는 허망한 사물에 접촉할 때마다 그 쇠망함을 통찰함으로써, 이에 대한 애착에서 떠나게 되느니라. 여러 가지 감수가 소멸되기 때문에 수행승은 쾌락을 느끼는 일이

없이, 평안을 누리느니라.

「수행승들이여,《또한 다른 방법에 의해서도 두
가지 사실을 올바로 관찰할 수 있는가?》하고 만일
그대에게 묻는다면,《있노라.》고 대답해야 하느니
라. 어찌하여 있느냐 하면,《괴로움은 모두가 애착에
의하여 일어난다.》는 것이 첫째의 관찰이지만,《그
러나 애착에서 완전히 떠나 이를 종멸시키면, 괴로
움이 일어나는 일이 없다.》는 것이 둘째의 관찰이니
라. 이렇게 두 가지를 잘 관찰하여 꾸준히 힘쓰는 수
행승에게는 두 과보 중에서 어느 하나의 과보를 기
대할 수 있느니라. 다시 말하면, 이 세상에서 도를
깨쳐 해탈에 이르거나, 혹은 번뇌의 나머지가 있으
면, 혼미한 이 삶에 되돌아오는 일이 없게 되느니
라.」하시더라. 부처님께서는 이렇게 말씀하시고,
이어서 다음과 같이 설법하시더라.

(17) 애착을 일삼는 자는, 이 상태에서 저 상태로,
끊임없이 유전流轉하여 윤회輪廻를 초월할 수 없느

니라.

(18) 애착은 괴로움을 일으키는 원인이라는 두려운 사실을 알고, 수행승은 여기서 벗어나 이에 매이지 말고, 올바른 생각을 가지고 편력遍歷해야 하느니라.

「수행승들이여, 《또한 다른 방법에 의해서도 두 가지 사실을 올바로 관찰할 수 있는가?》 하고 만일 그대에게 묻는다면, 《있노라.》고 대답해야 하느니라. 어찌하여 있느냐 하면, 《괴로움은 모두가 집착에 의하여 일어난다.》는 것이 첫째의 관찰이지만, 《그러나 여러 가지 집착에서 완전히 떠나 이를 소멸시키면, 괴로움이 일어나는 일이 없다.》는 것이 둘째의 관찰이니라. 이렇게 두 가지를 잘 관찰하여 꾸준히 힘쓰는 수행승에게는, 두 과보 중에서 어느 하나의 과보를 기대할 수 있느니라. 다시 말하면, 이 세상에서 도를 깨쳐 해탈에 이르거나, 혹은 번뇌의 나머지가 있으면, 혼미한 이 삶에 되돌아오는 일이 없게 되느니라.」 하시더라. 부처님께서는 이렇게 말씀하시고, 이어서 다음과 같이 설법하시더라.

(19) 집착에 의하여 그릇된 생존生存을 누리게 되며, 살아있는 자는 괴로움을 받게 되느니라. 태어난 자에게는 죽음이 있나니, 이것이 괴로움이 일어나는 원인이니라.

(20) 그리하여 여러 현자들은 집착하는 일이 없으므로 사리를 올바로 파악하며, 생존의 소멸에 대하여 분명히 알고, 다시 삶을 얻는 일이 없느니라.

「수행승들이여, 《또한 다른 방법에 의해서도 두 가지 사실을 올바로 관찰할 수 있는가?》 하고 만일 그대에게 묻는다면, 《있노라.》고 대답해야 하느니라. 어찌하여 있느냐 하면, 《괴로움은 모두가 기동起動에 의하여 일어난다.》는 것이 첫째의 관찰이지만, 《그러나 여러 가지 기동에서 완전히 떠나 이를 종멸시키면, 괴로움이 일어나는 일이 없다.》는 것이 둘째의 관찰이니라. 이렇게 두 가지를 잘 관찰하여 꾸준히 힘쓰는 수행승에게는, 두 과보 중에서 어느 하나

의 과보를 기대할 수 있느니라. 다시 말하면, 이 세
상에서 도를 깨쳐 해탈에 이르거나, 혹은 번뇌의 나
머지가 있으면, 혼미한 이 삶에 되돌아오는 일이 없
게 되느니라.」하시더라. 부처님께서는 이렇게 말씀
하시고, 이어서 다음과 같이 설법하시더라.

(21) 어떠한 괴로움이 일어나더라도, 그것은 모두
가 기동起動에서 비롯되는 것이니, 여러 가지 기동이
종멸되면,[125] 괴로움이 일어나는 일이 없느니라.

(22) 「괴로움은 기동에 의하여 일어난다.」는 이
두려운 사실을 알고 일체의 기동을 버림으로써 해탈
하라.

(23) 삶에 대한 애착을 버리고, 마음이 진정鎭靜된
수행승은, 삶의 윤회를 벗어나, 다시 생존을 얻는 일
이 없느니라.

「수행승들이여,《또한 다른 방법에 의해서도 두

---

125 열반을 말함.

가지 사실을 올바로 관찰할 수 있는가?》 하고 만일 그대에게 묻는다면, 《있노라.》고 대답해야 하느니라. 어찌하여 있느냐 하면,《괴로움은 모두가 식음食飲에 의하여 일어난다.》는 것이 첫째의 관찰이지만, 《그러나 여러 가지 식음에서 완전히 떠나 이를 종멸시키면, 괴로움이 일어나는 일이 없다.》는 것이 둘째의 관찰이니라. 이렇게 두 가지를 잘 관찰하여 꾸준히 힘쓰는 수행승에게는, 두 과보 중에서 어느 하나의 과보를 기대할 수 있느니라. 다시 말하면, 이 세상에서 도를 깨쳐 해탈에 이르거나, 혹은 번뇌의 나머지가 있으면, 혼미한 이 삶에 되돌아오는 일이 없게 되느니라.」 하시더라. 부처님께서는 이렇게 말씀하시고, 이어서 다음과 같이 설법하시더라.

(24) 어떠한 괴로움이 일어나더라도, 그것은 모두가 식음食飲에서 비롯되는 것이니, 여러 가지 식음이 종멸되면 괴로움이 일어나는 일이 없느니라.

(25)「괴로움은 식음에 의하여 일어난다.」는 이 두려운 사실을 알고, 일체의 식음에 대해 분명히 이

해하여, 식음에 의존하지 말지니라.

(26) 여러 가지 더러운 번뇌가 소멸되기 때문에 병이 나지 않음[126]을 분명히 알고 잘 성찰省察하여 참된 이치理致에 사는 「베-다」의 달인達人은 마음이 엇갈리는 자들이라고 볼 수 없느니라.

「수행승들이여, 《또한 다른 방법에 의해서도 두 가지 사실을 올바로 관찰할 수 있는가?》 하고 만일 그대에게 묻는다면, 《있노라.》고 대답해야 하느니라. 어찌하여 있느냐 하면, 《괴로움은 모두가 동요動搖에 의하여 일어난다.》는 것이 첫째의 관찰이지만, 《그러나 여러 가지 동요에서 완전히 떠나 이를 종멸시키면, 괴로움이 일어나는 일이 없다.》는 것이 둘째의 관찰이니라. 이렇게 두 가지를 잘 관찰하여 꾸준히 힘쓰는 수행승에게는, 두 과보 중에서 어느 하나의 과보를 기대할 수 있느니라. 다시 말하면, 이 세상에서 도를 깨쳐 해탈에 이르거나, 혹은 번뇌의 나

---

126 열반을 말함.

머지가 있으면, 혼미한 이 삶에 되돌아오는 일이 없게 되느니라.」하시더라. 부처님께서는 이렇게 말씀하시고, 이어서 다음과 같이 설법하시더라.

(27) 어떠한 괴로움이 일어나더라도, 그것은 모두가 동요에서 비롯되는 것이니, 여러 가지 동요가 종멸되면 괴로움이 일어나는 일이 없느니라.

(28) 「괴로움은 동요에 의하여 일어난다.」는 이 두려운 사실을 알기 때문에 수행승은 여러 가지 형성력形成力을 종식시켜, 동요하지 않고 집착을 버리며 올바른 생각을 가지고 편력해야 하느니라.

「수행승들이여, 《또한 다른 방법에 의해서도 두 가지 사실을 올바로 관찰할 수 있는가?》하고 만일 그대에게 묻는다면, 《있노라.》고 대답해야 하느니라. 어찌하여 있느냐 하면, 《집착하는 자는 쓰러진다.》는 것이 첫째의 관찰이지만, 《집착하지 않는 자는 쓰러지지 않는다.》는 것이 둘째의 관찰이니라. 이렇게 두 가지를 잘 관찰하여 꾸준히 힘쓰는 수행승에게는 두 과보 중에서 어느 하나의 과보를 기대할 수 있느니라. 다시 말하면, 이 세상에서 도를 깨쳐 해탈에 이르거나, 혹은 번뇌의 나머지가 있으면, 혼미한 이 삶에 되돌아오는 일이 없게 되느니라.」 하시더라. 부처님께서는 이렇게 말씀하시고, 이어서 다음과 같이 설법하시더라.

(29) 집착하지 않는 자는 쓰러지지 않지만, 집착하는 자는 이 상태에서 저 상태로 마음이 사로잡혀 윤회를 벗어날 수 없느니라.

(30) 「여러 가지 집착 속에 대단히 무서운 것이 깃들어 있다.」는 이 두려운 사실을 알고 수행승은 매이지 말고 사로잡히지 말며, 올바른 생각을 가지고 편력遍歷해야 할지니라.

「수행승들이여,《또한 다른 방법에 의해서도 두 가지 사실을 올바로 관찰할 수 있는가?》하고 만일 그대에게 묻는다면,《있노라.》고 대답해야 하느니라. 어찌하여 있느냐 하면 수행승들이여,《물질의 세계보다 물질 아닌 세계가 한결 더 안정되어 있다.》는 것이 첫째의 관찰이며,《물질 아닌 세계보다 종멸終滅이 훨씬 더 안정되어 있다.[127]》는 것이 둘째의 관찰이니라. 이렇게 두 가지를 잘 관찰하여 꾸준히 힘쓰는 수행승에게는, 두 과보 중에서 어느 하나의 과보를 기대할 수 있느니라. 다시 말하면, 이 세상에서 도를 깨쳐 해탈에 이르거나, 혹은 번뇌의 나머지가 있으면, 혼미한 이 삶에 되돌아오는 일이 없게 되느니라.」 하시더라. 부처님께서는 이렇게 말씀하시고, 이어서 다음과 같이 설법하시더라.

(31) 물질의 세계에 태어나는 자와 물질 아닌 세계에 집착하는 자는 종멸을 모르기 때문에 다시 이 세상의 생존에 되돌아오느니라.

(32) 그러나 물질의 세계를 분명히 알고, 물질 아닌 세계에 안주하며, 종멸에 있어서 해탈하는 자들은 죽음을 버렸느니라.

---

127 열반을 말함.

「수행승들이여, 《또한 다른 방법에 의해서도 두 가지 사실을 올바로 관찰할 수 있는가?》하고 만일 그대에게 묻는다면, 《있노라.》고 대답해야 하느니라. 어찌하여 있느냐 하면 수행승들이여, 신들과 악마가 함께 사는 세계, 도를 닦는 자, 바라문, 신들, 그리고 인간을 포함한 모든 생존자가 《이것은 진리이니라.》하고 생각한 것을 여러 성자들은, 《이것은 허망한 것이니라.》하고, 올바른 지혜로 분명히 안다는 것이 하나의 관찰이며, 이 모든 생존자가 《이것은 허망이니라.》고 생각한 것을 여러 성자들은, 《이것은 진리이니라.》하고, 올바른 지혜로 분명히 안다는 것이 둘째의 관찰이니라. 이렇게 두 가지를 잘 관찰하여 꾸준히 힘쓰는 수행승에게는 두 과보 중에서 어느 하나의 과보를 기대할 수 있느니라. 다시 말하면, 이 세상에서 도를 깨쳐 해탈에 이르거나, 혹은 번뇌의 나머지가 있으면, 혼미한 이 삶에 되돌아오는 일이 없게 되느니라.」하시더라. 부처님께서는 이렇게 말씀하시고, 이어서 다음과 같이 설법하시더라.

(33) 보라, 신들과 세상 사람들은 나 아닌 것[128]을 나라고 생각하여 명칭과 형태에 사로잡히며, 「이것이야말로 진리니라.」 하고 생각하더라.

(34) 어떤 사물을 이러니 저러니 하고 생각하여도, 그 생각한 것은 참된 사물과는 다르나니, 이는 그 어리석은 자의 생각이 허망하며, 또한 변전하여 사라지는 것이 허무하기 때문이니라.

(35) 평안한 것은 허망하지 않나니, 이는 여러 성자들이 진리임을 아노라. 그들은 실로 진리를 깨닫기 때문에 쾌락을 탐내는 일이 없이, 평안을 누리고 있느니라.

「수행승들이여,《또한 다른 방법에 의해서도 두 가지 사실을 올바로 관찰할 수 있는가?》하고 만일 그대에게 묻는다면,《있노라.》고 대답해야 하느니라. 어찌하여 있느냐 하면 수행승들이여, 신들과 악

---

128 나 아닌 것 : 명칭名稱과 형태形態. 「우파니샤드」에서는 현상계現象界를 뜻하였지만, 불교에서는 개인적 존재를 말함.

마가 함께 사는 세계, 도를 닦는 자, 바라문, 신들, 그리고 인간을 포함한 모든 생존자가 《이것은 안락이니라.》하고 생각한 것을 여러 성자들은, 《이것은 고뇌이니라.》하고, 올바른 지혜로 분명히 안다는 것이 하나의 관찰이며, 이 모든 생존자가 《이것은 고뇌이니라.》하고 생각한 것을 여러 성자들은, 《이것은 안락이니라.》하고, 올바른 지혜로 분명히 안다는 것이 둘째의 관찰이니라. 이렇게 두 가지를 잘 관찰하여 꾸준히 힘쓰는 수행승에게는 두 과보 중에서 어느 하나의 과보를 기대할 수 있느니라. 다시 말하면, 이 세상에서 도를 깨쳐 해탈에 이르거나, 혹은 번뇌의 나머지가 있으면, 혼미한 이 삶에 되돌아오는 일이 없게 되느니라.」하시더라. 부처님께서는 이렇게 말씀하시고, 이어서 다음과 같이 설법하시더라.

(36) 실제로 있다고 말하는 색깔, 음성, 향기, 촉감, 그리고 한결같이 마음을 이끄는 것들은,

신들과 세상 사람들에게는 「안락」이라고 인정되며, 그것들이 없을 경우에는, 이를 「고뇌」라고 간주

하거니와,

(37) 여러 성자들은 자기의 육신이 단멸斷滅되는 것을 「안락」이라고 생각하나니, 올바로 보는 자들의 이런 생각은, 모든 세상 사람들과 정반대이니라.

(38) 다른 사람들이 「안락」이라고 부르는 겄을, 여러 성자들은 「고뇌」라고 말하며, 다른 사람들이 「고뇌」라고 부르는 것을, 여러 성자들은 「안락」이라고 생각하느니라. 진리의 난해함이 이러하매, 무지한 자들은 여기에 생각이 엇갈리나니,

(39) 뒤덮여 있거나 올바로 보지 못하는 자들에게는 암흑이 있으며, 선량한 자에게는 열린 세계가 있느니라. 이는 마치 눈을 뜨고 보는 자들에게 광명이 있는 것과 같나니, 참된 이치가 무엇인지 모르는 금수와 같은 어리석은 자는 평안에 가까이 있어도 이를 모르며,

(40) 삶을 위한 탐욕에 사로잡히고, 삶의 흐름에 휩쓸려 악마의 세계에 들어간 자들은, 참으로 이 진리를 깨닫기 어려우니라.

(41) 여러 성자들 이외에 대체 누가 이 경지를 깨

달을 수 있으랴? 이 경지를 올바로 알면, 번뇌의 때가 묻지 않은 자가 되어 고요한 평안에 이를지니라.

부처님께서 이렇게 설법하신지라, 수행승들은 이를 환희로써 맞이하더라. 그리하여 이 설법으로 하여 60명의 수행승들은 집착執着이 없어지고, 더러운 마음에서 해탈되었느니라.

제4장

시
편 詩
篇

1. 욕망

(1) 욕망을 달성하려고 원하는 자가 만일 뜻대로 되면, 그는 실로 소원을 성취하여 마음속으로 기뻐하거니와,

(2) 욕망을 달성하려고 원한 자가 만일 그 욕망을 이룰 수 없게 되면, 그는 화살에 맞은 자처럼 고뇌에 빠지느니라.

(3) 발로 배암의 대가리를 밟지 않는 것처럼, 여러 가지 욕망을 피하는 자는, 생각을 올바로 하여 이 세상에서 애착을 초월하느니라.

(4) 논, 밭, 주택, 황금, 소와 말, 머슴, 고용인, 부녀자, 친족, 그 밖의 여러 가지 욕망을 탐내는 자가 있으면,

여러 가지 번뇌가 그를 굴복시키며, 위태로운 재난이 그를 짓밟는 고로 괴로움이 그를 따르나니, 이는 마치 파괴된 배에 물이 쏟아져 들어오는 것과 같느니라.

(5) 그러므로 인간은 언제나 올바른 생각을 지니고, 여러 가지 욕망을 버리도록 하라. 배에서 구정물을 퍼내듯이, 이들 욕망을 버리고 거센 물결을 건너 피안에 도달하는 자가 되라.

2. 동굴에 관한 여덟 시편

　(1) 동굴(신체) 속에 머물러 집착하며, 여러 가지 번뇌에 뒤덮여, 마음이 엇갈리고 사리에 어두운 자는 사바세계를 버리는 일이 없나니, 이는 진실로 이 세상의 욕망을 버리기가 쉽지 않기 때문이니라.

　(2) 욕구에 의한 쾌락에 사로잡혀 있는 자는 해탈하기 어려우니, 이는 남의 힘으로 해탈할 수 없기 때문이니라. 그들은 앞날이나 지난날을 돌이켜 생각해 보면서, 이 현재의 욕망이나 과거로부터의 욕망을 탐내니라. 그들은 욕심을 부려 그 속에 빠지며 인색하고 악에 젖어 있거니와, 죽을 때에는 「인제 죽으면 나는 어떻게 되는 것일까?」 하고 괴로움에 사로잡혀 탄식하느니라.

(3) 그러므로 누구나 이 가르침을 숭상해야 할지니, 세상에서 옳지 않다고 하는 어떠한 일이라도 하여서는 안 되느니라. 현자는 인간의 수명은 짧은 것이라고 항시 말하느니라.

(4) 여러 가지 삶(生存)에 대한 애착으로 하여 이 세상 사람들이 몸부림치는 것을 보거니와, 열등한 자들은 이 애착에서 벗어나지 못하고, 죽음에 즈음하여 울고불고 하느니라.

(5) 어떤 무엇을 자기 소유라고 집착하여 마음이 흔들리는 자들을 보면, 그들의 모습은 메마른 여울에서 헤엄치는 물고기와 같나니, 이것으로 미루어보아도 여러 가지 삶에 대하여 집착하지 말지며, 「내 소유」라는 생각을 버리고 세상을 걸어가야 하느니라.

(6) 현자는 두 극단의 욕망을 억제하여, 감관感官과 그 대상에의 접촉이 무엇임을 분명히 알고 탐내는 일이 없으며, 비난을 사는 나쁜 행위를 하지 않을 뿐 아니라, 보고 듣는 일로 하여 때묻지 않느니라.

(7) 생각(想念)을 분명히 가다듬어 거칠은 물결을

건너가라. 성자는 소유하려는 집착에 매이는 일이
없으며, 번뇌의 화살을 빼고, 수행에 힘써 이 세상은
물론 저 세상도 원치 않느니라.

3. 분노에 관한 여덟 시편

(1) 마음이 고약하여 화를 잘 내며 남을 비난하는 자가 있거니와, 마음이 진실한 자들도 남을 비난하는 일이 있느니라. 그러나 비난하려는 생각이 일더라도, 성자는 마음이 거칠어지는 일이 없느니라.

(2) 욕망에 이끌리고 욕심에 사로잡혀 있는 자가, 어찌 자기의 비좁은 견해를 벗어날 수 있겠는가. 그는 자기 소견으로 보아 좋다고 생각하는 바를 실천에 옮기며, 자기가 갖고 있는 조그마한 견해를 언제나 입 밖에 내게 될지니,

(3) 묻지도 않는데 남에게 자기의 계율과 도덕을 말하거나, 자기 자신에 대한 것을 함부로 말하는 자가 있으면, 진심으로 깨달은 자들은 그를 가리켜 성

스러운 진리를 갖지 못한 자라고 하며,

(4) 마음이 평화롭고 안정을 이룬 수행승이 계율에 관하여, 「나는 이렇게 하고 있노라.」고 자랑하지 않고, 이 세상에서 번뇌가 성하는 일이 없으면, 진심으로 깨달은 자들은 그를 가리켜 성스러운 진리를 지니고 있는 자라고 하느니라.

(5) 그릇된 교리敎理를 미리 조작해 놓고, 한편에 치우쳐 자기만이 덕을 보려는 자는, 뿌리가 없이 흔들리는 것에 의거하여 평안을 얻으려고 하나니,

(6) 여러 사물에 관한 고집이 무엇인가를 분명히 알고, 자기의 견해에 대한 집착을 초월하는 것은 손쉬운 일이 아니로다. 그러므로 그는 비좁은 견해의 울타리에 갇혀 법을 배척하기도 하고, 또 이에 매이기도 하느니라.

(7) 악을 제거해버린 자는, 이 세상에서 어디 가든지, 삶에 대하여 미리 그릇된 견해를 갖는 일이 없나니, 그가 거짓과 거만을 버린 이제, 어찌 윤회輪廻를 거듭하기에 이르겠는가? 그는 벌써 의지依持하고 가까이하는 것이 없느니라.

(8) 무엇에 의지하여 이를 가까이하는 자는 여러 가지로 비난을 받거니와, 그렇지 않는 자를 비난할 수는 없도다. 그는 집착하는 일이 없으며, 또한 집착을 버리는 일도 없나니, 이는 그가 이 세상에서 모든 그릇된 견해를 떠났기 때문이니라.

4. 청정淸淨에 관한 여덟 시편

(1) 「나는 순결하고 가장 뛰어난 것을 보나니, 인간이 순결하게 되는 것은 견해見解에 의해서이니라.」 하는 생각을 제일 올바른 것으로 알고 있는 자는, 견해를 가장 높은 경지에 도달할 수 있는 지혜라고 생각하거니와,

(2) 만일 인간이 견해에 의하여 깨끗해질 수 있거나, 혹은 지혜에 의하여 괴로움을 버릴 수 있다면, 번뇌에 사로잡혀 있는 자가 올바른 길 이외의 다른 방법에 의해서도 깨끗해질 수 있을지니, 이렇게 말하는 자를 가리켜 편견을 갖고 있는 자라고 하느니라.

(3) 바라문[129]은 올바른 길 이외에는 보고 배운 것

---

129 바라문 : 인도印度 동성同姓의 최고 지위에 있는 종족種

이나 사색한 것, 그리고 계율이나 도덕 가운데서 그
어느 것도 순결하다고는 말하지 않으며, 화禍나 복
에 더럽히는 일이 없이 자아自我를 버리고, 이 세상
에서 화와 복의 원인을 조성하는 일이 없느니라.

(4) 전의 스승을 버리고, 다른 스승을 섬기며, 번
뇌가 일어나 흔들리는 대로 좇는 자들은 집착을 벗
어날 수 없느니라. 그들은 얻은 것을 곧 다시 버리나
니, 이는 마치 원숭이가 나뭇가지를 붙잡았다가 다
시 팽개치는 것과 같으니라.

(5) 서약이나 계율을 고집하는 자는, 그릇된 상념
想念에 잠기며, 여러 가지 일을 하려고 하지만 참된
지혜가 풍부한 자는 「베-다」에 의하여 진리를 이해
하며, 여러 가지 일을 하려고 하지 않느니라.

(6) 그는 모든 사물에 대하여 보고 배우거나 혹은
생각한 것을 지배하나니, 이렇게 하여 눈이 어두워

族으로 승려계급僧侶階級— 바라문교의 전권專權을 장악
하여 임금보다 윗자리에 있으며 신神의 후예后裔라 자칭
함. 원시경전原始經典의 최고층에서는 수행을 완성한 자
를 말함.

지는 일이 없이 행동하는 자가, 이 세상에서 어찌 망령된 생각에서 사리事理를 분별하겠느뇨.

(7) 그들은 망령된 생각에서 사리를 분별하는 일이 없으며, 어떤 무엇을 특히 소중히 여기지도 않고, 순결한 구경의 것을 입 밖에 내는 일도 없으며, 집착을 버리고 이 세상의 그 무엇에 대하여도 탐내는 일이 없느니라.

(8) 바라문은 번뇌를 초월하며, 어떤 사물을 알거나 혹은 보고 이에 집착하는 일이 없느니라. 그들은 욕심을 내지 않으며, 또한 욕심을 버리려고 애쓰지도 않나니, 이 세상에서 이것이야말로 최상의 것이라고 헛되이 집착하는 일이 없느니라.

5. 가장 우월한 것에 대한 여덟 시편

(1) 세상에서 사람들이 가장 뛰어나다고 생각하는 것을, 그대로 가장 뛰어난 것이라고 간주하고, 이에 사로잡혀 그 밖의 것은 열등하다고 생각하기 때문에, 그는 여러 가지 논쟁을 떠날 수 없느니라.

(2) 그는 보고 배운 것, 계율이나 도덕, 그리고 사색한 것에 대하여 자신의 견해만이 훌륭하다고 간주하여, 그것만을 고집하고 그 밖의 다른 것을 모두 열등하다고 생각하느니라.

(3) 인간이 어떤 특정한 신조에 의거하여, 그 밖의 것은 모두 유치하다고 생각한다면, 진리를 깨친 자들은 이를 집착執着이라고 하느니라. 그러므로 수행승은 본 것과 배운 것, 그리고 사색한 것 또는 계율

이나 도덕에 의거하여서는 안 되느니라.

(4) 지혜에 관해서나, 계율과 도덕에 관해서도 그 릇된 견해에 사로잡혀서는 안 될지니, 자기를 남과 동등하다고 생각하지 말며, 또 남보다 열등하다거나, 우월하다고 생각하여서도 안 되느니라.

(5) 그는 전에 가졌던 견해를 버리고 이에 집착하는 일이 없으며, 지혜에 각별히 의존하는 일도 없느니라. 그는 실로 여러 가지 다른 견해로 엇갈린 사람들 사이에서도 당파에 무조건 따르지 않고, 어떠한 견해도 그대로 긍정하는 일이 없느니라.

(6) 그는 여기서 두 극단極端[130]에 대해서나 여러 가지 생존에 대하여, 이 세상이나 저 세상을 막론하고 바라는 것이 없으며, 여러 가지 사물에 관하여 확실히 알았다는 어떤 견해를 고집하는 일이 없느니라.

(7) 그는 이 세상에서 보고 배운 것, 또는 깊이 생각한 것에 관하여, 털끝만큼도 망령됨이 없느니라.

---

130 두 대립된 관념.

어떠한 견해도 고집하지 않는 그 바라문이, 어찌 망령된 생각에서 사리를 분별하겠느냐?

(8) 그는 망령된 생각에서 사리를 분별하는 일이 없으며, 어느 하나의 견해를 특히 중하게 여기지도 않고, 또한 여러 가지 가르침을 원하지도 않느니라. 바라문은 계율이나 도덕에 의존하는 일이 없나니, 이러한 자는 피안彼岸에 도달하여도 벌써 되돌아오는 일이 없느니라.

6. 노쇠老衰

　(1) 아, 인간의 생명은 짧기도 하여라. 백세도 못되어 죽어버리며, 비록 이보다 오래 산다고 하더라도, 또한 노쇠하여 죽게 마련이니라.

　(2) 사람들은 내 것이라는 집착으로 마음을 괴롭히나니, 이는 자기의 소유가 언제나 변화무쌍하기 때문이니라. 이 세상에 있는 것은 모두가 변하고 멸하게 마련임을 알고, 집에 머물러 있어서는 안 되느니라.

　(3) 사람들이 「이것은 내 것이니라.」 하고 생각하는 그 소유물은 그 사람이 죽으면 상실되나니, 나를 따르는 자는 똑똑히 이 이치를 알고, 내 것이라는 관념을 가져서는 안 되느니라.

(4) 예컨대, 꿈속에서 만난 자를 다시 찾아볼 수 없는 것처럼, 깨달은 자는 사랑하던 자도 이 세상을 떠나면 벌써 다시 돌아보지 않느니라.

(5) 「아무개」라는 이름이 일찍이 실제로 눈앞에 그 모습을 보여주고, 음성을 들려주기도 하였지만, 죽고 나면 한동안 그 이름이나 겨우 전해질 따름이니라.

(6) 내 것이라는 소유 관념에서 무엇이고 손에 넣으려고 하는 자들은 우환과 비애, 그리고 인색함을 면할 수 없느니라. 그러므로 마음의 평화를 누린 여러 성자들은 소유욕을 버렸나니,

(7) 속세가 싫어 한 걸음 물러서서 도를 닦기에 힘쓰는 수행승은, 이렇게 멀리 떠난 호젓한 환경에 친숙하며, 그가 삶을 영위하기 위하여 여럿이 있는 데 자기 자신을 나타내지 않는 것은 지당한 일이니라.

(8) 성자는 모든 것에 사로잡히지 않으며, 사랑하는 일도 없고 또한 미워하지도 않느니라. 슬픔도 인색吝嗇도 그의 마음을 사로잡을 수 없나니, 이는 마치 연잎에 얹힌 물방울이 더러워지지 않는 것과 같

으니라.

(9) 마치 연잎 위에 얹힌 물방울이나 연꽃에 내리는 이슬이 더럽혀지지 않는 것처럼 성자는 보고, 배우고 깊이 생각한 것에 의하여 더럽혀지는 일이 없느니라.

(10) 악을 물리쳐버린 자는 보고, 배우고 깊이 생각한 어떠한 것에 대하여도, 특히 집착하는 일이 없나니, 그는 다른 무엇에 의하여 마음이 깨끗해지려고 하지 않으며, 탐내지 않을 뿐 아니라, 탐욕에서 떠나는 일조차 없느니라.

7. 팃사·멧테-야

(1) 〈팃사·멧테-야〉 장로長老[131]가 가로되, 「성性의 교섭에 빠지는 자의 파멸에 대하여 말씀해 주소서. 부처님의 가르침을 듣고, 저희도 거기서 멀리 떠나기를 배우려고 하나이다.」

(2) 부처님이 대답하시되, 「〈멧테-야〉여, 성의 교섭에 빠지는 자는 올바른 가르침을 잊어버렸나니, 그 행실은 그릇되니라. 따라서 이는 그에게 있어 천한 일이니라.

(3) 전에는 독신으로 살고 있었는데, 나중에 성의

---

131 장로長老 : 존자尊者 또는 구수具壽라고도 번역하며, 지혜와 덕이 높고, 법랍(중이 된 해로부터 세는 나이)이 많은 비구比丘를 말함.

교섭에 빠진 자는, 마치 수레가 길에서 벗어나는 것과 같나니, 세상 사람들은 그를 천한 자라고 부르니라.

(4) 그리하여 일찍이 그가 갖고 있던 영예와 명성은 모두 잃어버리게 될지니, 이 사실로 보더라도 성의 교섭을 끊도록 힘쓰라.

(5) 그는 욕념欲念에 사로잡혀 가난뱅이처럼 탐을 내게 되나니, 이러한 자는 타인에 대한 좋은 평판을 듣고서는 스스로 남부끄러워하게 마련이니라.

(6) 그런데 타인으로부터 비난을 받을 때에는 칼날을 갈고, 거짓을 일삼게 되나니, 이는 대단히 딱한 일이로다.

(7) 독신 생활을 하고 있을 때에는 세상 사람들로부터 지혜 있는 자로 인정받던 자가, 나중에 성의 교섭에 빠졌기 때문에 어리석은 자 모양 마음에 번거로움을 느끼게 될지니,

(8) 성자는 이 세상에서 곳곳에 그러한 우환이 있음을 알고, 굳게 독신을 지켜 성의 교섭에 빠져서는 안 되느니라.

(9) 속된 일로부터 떠나는 것을 배워야 하나니, 이는 여러 성자들에게 가장 중요한 일이니라. 그러나 이것 하나만으로 자기가 뛰어난 자라고 생각하여서는 안 될지니, 그는 다만 마음의 평화를 이루는데 가까워지고 있을 따름이니라.

(10) 성자는 여러 가지 욕망을 돌보지 않고 여기서 떠나 거센 물결을 건너갔으므로, 욕망에 얽매어 사는 자들은 그를 부러워하게 마련이니라.」

8. 파수 - 라

(1) 그들은 「이것만이 순결하다.」고 주장하며, 다른 여러 가지 가르침을 배격하고 탓하느니라. 따라서 자기가 신봉하는 것만을 옳다고 주장하며, 각각 다른 진리를 고집하느니라.

(2) 그들은 이론을 펴기를 원하여 모임에 몰려들면, 서로 남을 어리석은 자라고 지적하며, 자기가 존경하는 다른 사람의 주장을 업고 나와, 예찬을 받으려는 마음에서 진리에 도달한 자라고 자칭하며 논쟁을 일삼나니,

(3) 이리하여 모임에서 논쟁에 참가한 자는, 찬양을 받으려는 마음이 앞서므로 입씨름에 패배하면 기가 죽어, 애써 논적論敵의 결점을 찾게 되며, 이때 타

인으로부터 논란되면 곧 격분하기 마련이니라.

(4) 여러 논객들이 그의 주장에 대하여, 「그대는 이론에 패배하였도다.」 하고 잘라서 말하면, 그는 안색이 변하고 수심에 잠겨, 「그는 나를 이겼도다.」 하고, 비통하게 생각하느니라. 이러한 논쟁이 여러 수행자들 사이에 일어나면, 이들에게는 득의得意와 실의失意가 엇갈리게 마련이니라. 이로 미루어 보더라도, 누구를 막론하고 논쟁에서 벗어날지니, 이는 헛된 찬양을 받는 이외에 다른 소득이 없기 때문이니라.

(6) 혹자는 모임에서 이론을 전개하여 갈채를 받음으로써, 마음속에서 기대했던 명성을 얻어 자랑스럽게 여기거니와,

(7) 자랑은 그를 해치는 것이니라. 그럼에도 불구하고 그는 더욱 자랑을 일삼게 되나니, 이로 미루어 보더라도, 논쟁하여서는 안 되느니라. 그러므로 진리를 깨친 자들은 논쟁에 의하여 악에서 벗어나 마음이 깨끗하게 된다고는 생각하지 않나니,

(8) 이는 왕의 녹祿을 먹은 용사가, 상대할 적수를

찾아 소리소리 외치며, 앞으로 나아가는 것과 같느니라. 용사여, 저 토론 객들이 있는 곳으로 가 보라. 상대하여 싸워야 할 자는 본래부터 아무도 없느니라.

(9) 어떤 특수한 철학의 견해를 갖고 논쟁하며, 「이것만이 진리니라.」 하고 말하는 자가 있으면, 그대들은 그에게, 「논쟁을 하고 싶더라도, 여기 그대와 토론할 자는 없노라.」고 말하라.

(10) 또한 그들은 번뇌의 군대를 무찔러버리려는 마음에서, 올바른 견해를 그릇된 견해와 모순되지 않는 것으로 생각하는 자들이니, 그들 속에 끼어 그대는 무엇을 얻으려고 하는가? 〈파수-라〉여, 그들에겐 오랫동안 「가장 뛰어난 것」으로 규정된 것은 없느니라.

(11) 그런데 그대는 「나야말로 승리를 얻을 수 있으리라.」고 그릇된 생각을 하면서도 악을 제거해버린 자에게 보조步調를 맞추고 있거니와, 그것만으로는 진리에 도달할 수 없느니라.

9. 마-간디야

(1) 부처님이 가라사대, 「내가 옛날에 도를 깨치려고 하였을 때, 애착과 혐오嫌惡와 탐욕이라는 세 마녀를 보고도 그녀들과 성의 교섭을 하고 싶은 욕망이 일지 않았거늘, 대소변이 가득한 여자가 대체 무엇이란 말인가. 나는 그녀에게 발이 닿는 것조차 원치 않노라.」

(2) 〈마-간디야〉가 가로되, 「만일 부처님께서 여러 왕자들이 구하던 이런 보물(여인)을 원치 않으신다면, 부처님께서는 어떠한 견해를 주장하시며, 어떤 계율과 도덕, 그리고 어떤 생활을 찬동하시며, 또 주장하시나이까?」

(3) 부처님이 대답하시되, 「〈마-간디야〉여, 《나

는 이러한 것을 주장한다.》는 그 주장이 나에게는 없노라. 여러 가지 사물에 대한 집착을 집착이라고 분명히 알고, 여러 가지 견해의 그릇됨을 보고 고집하지 않으며, 고요히 생각에 잠겨 마음의 평화를 누리고 있노라.」

(4) 〈마-간디야〉가 가로되,「세존이시여, 부처님께서는 잘 생각하여 내세운 정설定說[132]을 고집하지 않으시면서 마음의 평화에 대하여 주장하시거니와, 이에 대하여 여러 현인賢人들은 어떻게 말하고 있나이까?」

(5) 부처님이 대답하시되,「〈마-간디야〉여, 나는 견해와 학문과 지식에 의해서나, 또는 계율과 도덕에 의해서 순결해질 수 있다고 주장하지 않으며, 또한 무견해와 무지와 무식에 의해서나, 계율과 도덕을 지키지 않음으로써 순결해질 수 있다고 주장하는 것도 아니로다. 그것들을 버리고, 이를 고집하거나 이에 매이지 않고 평안해야 할지니, 누구나 변화하

---

132 정설定說 : 당시에 있을 26종의 견해見解.

는 삶(生存)을 원해서는 안 되느니라. 이것이 마음의 평화이니라.」

(6) 〈마-간디야〉가 가로되, 「만일 견해와 학문과 지식에 의해서나, 또는 계율과 도덕에 의해서 순결해질 수 없다고 주장할 뿐 아니라, 무견해와 무지와 무식에 의해서나 계율과 도덕을 지키지 않음으로써 순결해질 수도 없다고 주장하신다면, 그것은 사람들의 마음을 엇갈리게 하는 가르침이라고 저는 생각하나이다. 그리하여 견해에 의하여 인간은 순결해질 수 있다고 어떤 사람들은 생각하고 있나이다.」

(7) 부처님이 대답하시되, 「〈마-간디야〉여, 그대는 자기의 견해에 의거하여 진리를 구하기 때문에, 집착으로 말미암아 마음이 엇갈리고 사리에 어둡게 되었노라. 그대는 이 마음의 평화에 대하여 조금도 생각하고 있지 않으므로, 나의 가르침을 사람들의 마음을 엇갈리게 하는 것이라고 생각하고 있노라.

(8) 동등하다거나, 훌륭하다거나, 혹은 열등하다고 생각하는 자는, 그러한 생각으로 말미암아 다투게 될 터이지만, 그 세 가지에 관하여 마음이 동요되

지 않는 자에게는 동등하다거나, 훌륭하다거나, 혹
은 열등하다거나 하는 생각은 없느니라.

(9) 그러한 바라문이 어찌 「내 견해는 참되니라.」
하고 주장할 수 있으며, 또 「너의 견해는 거짓이니
라.」 하고 다툴 수 있겠는가? 동등하다거나, 동등하
지 않다거나 하는 일이 없는 자가 논쟁을 할 수 있겠
는가?

(10) 집을 버리고 거처 없이 헤매며, 마을 사람들
과 친히 사귀지 않는 성자는, 모든 욕망에서 떠나 앞
날을 희망하여서는 안 되며, 대중들에게 다른 견해
를 내세워 이론을 하여서도 안 되느니라.

(11) 용龍(제3장 대장大章 **90** 참조)은 여러 가지
그릇된 견해를 떠나 세상을 두루 돌아다니는 터이므
로, 그것들을 고집하여 논쟁하여서는 안 되느니라.
마치 연꽃이 흙물에 물들지 않는 것처럼, 성자는 마
음의 평화를 가르치는 자이며, 탐내는 일이 없고 이
세상의 욕망에 의하여 물들지 않느니라.

(12) 「베-다」를 깨친 달인達人은 그 견해나 사색
에 대하여 거만한 일이 없나니, 이는 그의 본성이 그

러한 것이 아니기 때문이니라. 그는 업業에 의하여
도 이끌리지 않고, 학문에 의하여도 이끌리지 않나
니, 집착으로 말미암아 이끌리는 일이 없느니라.

(13) 상념想念을 벗어난 자에게는 그를 얽어매는
사슬이 없으며, 지혜에 의하여 해탈한 자에게는 마
음의 엇갈림이 없거늘, 사상과 견해를 고집하는 자
들은 남들과 충돌하며 세상을 방황하도다.」

10. 죽기 이전에

(1) 「어떻게 생각하고, 어떤 계율을 지닌 자를 평안하다고 말할 수 있나이까? 세존이시여, 묻노니 그 가장 뛰어난 자에 대하여 말씀해 주소서.」

(2) 부처님이 대답하시되, 「죽기 이전에 애착을 떠나, 과거에 사로잡히지 않고, 현재에 있어서도 이것저것 생각하여 근심 걱정을 하는 일이 없으면, 그는 미래에 관하여도 구태여 염려하는 일이 없느니라.

(3) 저 성자는 노여움을 모르고, 두려워하지 않으며, 자랑하는 일이 없고, 후회를 하지 않으며, 신주神呪에 대하여 이야기하고, 마음이 들뜨는 일이 없이 말을 조심하느니라.

(4) 그는 미래에 소망을 거는 일이 없고, 과거를 추억하여 수심에 잠기지도 않으며, 감각기관으로 느낄 수 있는 여러 가지 사물에서 멀리 떠나, 온갖 견해에 이끌리는 일이 없도다.

(5) 탐욕에서 떠나 거짓을 모르며, 욕심을 부리는 일이 없고, 인색하지 않으며, 거만하지 않고 남에게 싫은 인상을 주지 않으며, 숨어서 남을 탐하지 않느니라.

(6) 쾌락에 빠지지 않으며, 온유하여 말이 상냥스럽고, 새삼 믿는 것도 없으며, 욕망에서 떠나는 일조차 없느니라.

(7) 어떤 이득을 위해 배우는 것이 아니며, 자기에게 이득이 없었다고 해서 서운히 생각하는 일이 없고, 집착 때문에 다른 사람을 거역하는 일이 없으며, 맛있는 음식을 즐기는 일도 없느니라.

(8) 언제나 평정을 누리고, 올바른 생각을 하며, 세상에서 남을 자기와 동등하다고 생각지 않고, 또 자기가 남보다 뛰어났다거나, 열등하다고 생각지 않나니, 그에게는 번뇌가 일어날 수 없느니라.

(9) 얽매이지 않는 자는 참된 이치를 알고 있기 때문이니, 삶을 위한 애착이나, 또한 그 삶을 멸하기 위한 집착이 없느니라.

(10) 여러 가지 욕망을 염두에 두지 않는 자야말로 평안한 자라고 할 수 있나니, 그를 얽매는 사슬이 없으며, 그는 이미 집착에서 떠나버렸느니라.

(11) 그에게는 자식도, 가축도, 논밭도, 주택도 없으며, 이미 얻은 것도 없고, 또 아직 얻지 못한 것도 없느니라.

(12) 속된 자들이나, 도를 닦는 바라문들이 그를 비난하여 탐욕을 부린 일이 있다고 할 터이지만, 그는 그러한 탐욕을 특히 염두에 두는 일이 없기 때문에 여러 가지 논란을 받아도 동요되지 않느니라.

(13) 성자는 탐욕에서 떠나고, 인색하지 않으며, 「자기는 뛰어난 자이니라.」 하거나, 「자기는 남과 동등한 자이니라.」, 또는 「자기는 남보다 열등한 자이니라.」 하고 말하는 일이 없도다. 그는 분별의 대상이 되는 일이 없으며, 망령된 생각으로 사리를 분별하는 일이 없느니라.

(14) 그는 이 세상에서 지닌 것이 없으며, 또한 지닌 것이 없음을 걱정하는 일도 없고, 여러 가지 사물에 관심을 가지는 일도 없나니, 실로 그를 가리켜 평안한 자라고 할 수 있느니라.」

11. 투쟁

(1) 「투쟁과 논쟁, 근심과 슬픔, 인색과 오만, 자랑과 욕설은 어디서 비롯되는지 말씀해 주소서.」

(2) 「그러한 투쟁과 논쟁, 근심과 슬픔, 인색과 오만, 자랑과 욕설은 애착에서 일어나게 되나니, 투쟁과 논쟁은 인색에 따르며, 논쟁이 일어났을 때에 욕설이 나오느니라.」

(3) 「세상에서 애호하는 일은 무엇에 의하여 비롯되며, 탐내는 일은 무엇에 의하여 비롯되나이까? 또한 사람이 내세에 관하여 희망을 지니게 되고, 또 그 희망을 이루게 되는 것은 무엇에서 비롯되나이까?」

(4) 「세상에서 애호하는 일과 탐내는 일, 그리고 사람이 내세에 관하여 희망을 지니게 되고, 그 희망을 이루게 되는 것은 욕망에 의하여 비롯되느니라.

(5) 세상에서 욕망은 무엇에 의하여 일어나게 되나이까? 또한 형이상학적形而上學的인 주장은 무엇에 의하여 일어나게 되나이까? 노여움과 거짓말, 의혹과, 그리고 도를 닦는 자가 말하는 여러 가지 견해는 무엇에 의하여 일어나게 되나이까?」

(6)「세상에서 쾌불쾌快不快에 의하여 욕망이 일어나며, 여러 가지 사물의 생성生成과 소멸을 보고, 세상 사람들은 외부적인 사물에 얽매인 주장을 하게 되느니라.」

(7)「노여움과 거짓말, 그리고 의혹 등도 쾌·불쾌가 있을 때에 일어나느니라. 의혹이 있는 자는 지혜의 길을 배울지니, 도를 닦는 자들은 앎이 많아 여러 가지 주장을 하였느니라.」

(8)「쾌·불쾌는 무엇에 의하여 일어나게 되나이까? 또한 무엇으로 인하여 이것은 나타나지 않게 되나이까? 그리고 생성과 소멸은 무엇을 말하며, 그것은 무엇에 의하여 일어나게 되는지 말씀해 주소서.」

(9)「쾌·불쾌는 접촉에 의하여 일어나며, 따라서 접촉이 없을 때에는 이것들은 나타나지 않느니라.

또 생성과 소멸의 의의意義와 그 원인이 되어있는 것
도 접촉임을 그대에게 말하노라.」

(10) 「세상에서 접촉은 무엇에 의하여 일어나게
되나이까? 또한 집착은 무엇에서 일어나며, 무엇으
로 인하여 집착하지 않게 되나이까? 그리고 무엇으
로 인하여 접촉이 없게 되나이까?」

(11) 「명칭과 형태에 의하여 접촉이 일어나고, 여
러 가지 집착은 욕구에 비롯되며, 욕구가 없을 때에
는 집착하지 않게 되고, 형태가 소멸되었을 때에는
접촉이 없게 되느니라.」

(12) 「어떠한 자에게 형태가 소멸되나이까? 또한
즐거움과 괴로움은 어떻게 하여 소멸되나이까? 그
소멸되는 모습을 알고자 하오니 말씀해 주소서.」

(13) 「있는 그대로 생각하지도 않고, 잘못 생각하
지도 않으며, 또한 생각이 없지도 않고, 생각을 소멸
시키지도 않는 그러한 자에게 형태가 소멸되나니,
이는 널리 확대되는 의식意識[133]은 상념想念에서 비

---

133 널리 확대되는 의식 : 애착과 그릇된 견해와 자만심이
널리 확대됨.

롯되기 때문이니라.」

(14)「저희들은 다른 문제에 대하여 묻고자 하오니, 이에 대하여 분명히 말씀해 주소서. 이 세상에서 어떤 현자들은 이러한 상태만을 인간이 악에서 벗어난 가장 깨끗한 경지라고 말하고 있사온데, 이와는 다른 의미에서 그러한 경지를 말하는 사람들도 있나이까?」

(15)「이 세상에서 어떤 현자들은 이러한 상태만을 인간이 악에서 벗어난 가장 깨끗한 경지라고 말하며, 또한 그들 가운에서 어떤 사람들은 단멸斷滅을 주장하여 정신이나 육체가 남김없이 소멸되는 속에, 악에서 벗어나는 가장 깨끗한 경지가 있다고 교묘하게 주장하거니와,

(16) 생각이 깊은 성자는 이러한 자들에게 집착이 있음을 알고 있느니라. 그리하여 여러 가지 집착에 대하여 분명히 알며,《현자는 여러 가지로 변화하는 삶을 누리는 일이 없음》을 알고 해탈한 자는 논쟁을 하지 않느니라.」

12. 계속되는 응답-소편小篇

(1) 세상에 학자들은 각자의 견해에 의하여, 서로 다른 주장을 하게 되어, 스스로 진리에 밝은 자라고 하며, 「이를 인정하는 자는 진리를 알고 있으며, 이를 비난하는 자는 아직 온전한 자(여래)가 아니로다.」 하여 여러 가지로 논하나니,

(2) 그들은 이렇게 다른 주장을 갖고 「그는 어리석은 자로서 진리에 도달한 자가 아니로다.」 하고 논란할뿐더러, 자기야말로 진리를 깨친 자라고 생각하며, 또 그렇게 말하고 있거니와, 이들 중에서 어떤 주장이 참되다고 볼 수 있겠느뇨?

(3) 만일 타인의 가르침을 인정하지 않는 사람은 어리석은 자이며, 두뇌가 모자라는 자이고 지혜가

열등한 자라고 한다면, 그네들은 자기의 견해에 의지하고 있으므로 모두가 어리석은 자이며, 또한 지혜가 모자라는 자이니라.

(4) 만일 자기의 견해에 의하여 순결하게 되고, 완전히 악에서 벗어난 지혜로운 자가 되며, 진리에 도달한 자가 되고, 지혜에 밝은 자가 된다면, 그들의 견해는 그 점에서 모두가 정당하므로 그들 가운데는 지혜가 모자라는 자는 없을 터이니,

(5) 나는 어리석은 자들이 서로 남에게 말하는 것을 듣고, 「이것이 진실이니라.」 하고 말하지 않노라. 그들은 각각 자기의 견해를 진실이라고 간주하기 때문에 남을 어리석은 자라고 보게 되느니라.

(6) 어떤 사람이 「이것이 진리이며, 진실이니라.」 하고 말하는 견해를, 다른 사람이 「그것은 허위이며, 허망이니라.」 하며, 그들은 다른 의견을 고집하여 논쟁을 하거니와, 어찌하여 도를 닦는 자들은 동일한 것을 주장하지 않느뇨?

(7) 진리는 하나이고 둘이 아니며, 그 진리를 알게 된 자는 논쟁하는 일이 없거늘, 저들은 각각 다른 진

리를 숭상하기 때문에 따라서 견해見解가 일치하지 않게 되느니라.

(8) 스스로 진리에 도달하였다고 생각하여, 자기 견해를 주장하는 논자들은 어찌하여 여러 가지로 다른 진리를 주장하게 되느뇨? 그들은 각기 다른 진리를 여러 사람에게서 들었느뇨? 혹은 자기의 사색에 의하여 얻었느뇨?

(9) 세상에는 여러 가지 영원한 진리는 있을 수 없으니, 이는 다만 영원한 것이라고 상상할 따름이니라. 그들은 여러 가지 견해에 관하여 사색하고 연구하여 「나의 주장은 진리니라.」하며, 「다른 사람의 주장은 허망한 것이니라.」하고 말하거니와,

(10) 어떤 견해나 전에서부터 전해 내려온 학문, 계율, 서약 또는 사상 등에 의존하여 다른 사람의 주장을 무시하고 자기의 학설을 내세워 즐기며, 「자기에게 반대하는 사람은 어리석은 자이며, 진리에 도달하지 못했다.」고 하나니,

(11) 이렇게 반대자를 어리석은 자라고 보는 동시에, 자기를 진리에 도달한 자라고 간주하고, 또 그렇

게 말하며 남을 무시하거니와,

(12) 그는 그릇된 견해를 갖고 있으며, 교만하여 자기를 온전한 자라고 생각하는 나머지 진심으로 제일인자라고 자처하나니, 이는 그에 의할진대 그렇게 간주되어 있기 때문이니라.

(13) 만일 남이 자기를 어리석다고 말하기 때문에 어리석게 된다면, 그렇게 말하는 자는 상대방과 함께 어리석은 자가 되느니라. 그리고 만일 자기 스스로 「베-다」의 달인達人이요, 현자라고 칭할 수 있다면, 도를 닦는 자들 가운데 어리석은 자는 한 사람도 없으리라.

(14) 대체로 여러 가지 다른 주장을 하는 자들은, 「이 나의 주장 이외의 가르침을 베푸는 자들은 악에서 벗어난 깨끗한 자가 못되며, 온전한 자(여래)가 아니니라.」 하고 말하거니와, 이는 그들이 자기 견해에 빠져 때가 묻어 있기 때문이니라.

(15) 자기의 주장만 순결하다고 말하며, 이 밖의 다른 가르침은 때묻었다고 고집하는 자들은 자기의 길만을 굳게 지키나니,

(16) 자기의 길만을 굳게 지켜 이를 주장하면서, 어찌 남을 어리석은 자라고 할 수 있겠느뇨. 남의 주장을 어리석고 부정不淨한 것이라고 한다면, 그 자신은 스스로 고집불통이 될지니라.

(17) 자기의 주장을 내세우는 경우에, 잘 따져서 세상 사람들과 논쟁하게 되거니와, 일체의 철학적 단정을 버리면 세상에서 고집쟁이가 되지 않느니라.

13. 계속되는 응답 - 장편長篇

(1) 어떤 견해에 의하여 「이것만이 진리이니라.」 하고 논쟁하는 자들은, 다만 그 점에 대하여 일부의 사람들에게서 찬사를 받을 따름이며, 그 밖의 사람들로부터 비난을 받게 마련이니라.

(2) 그리하여 비록 찬양을 받는다고 하더라도 그것은 대수롭지 않으며, 따라서 평안을 얻을 수 없느니라. 논쟁의 결과는 찬양과 비난의 두 가지이니, 이러한 사리에서 미루어 보더라도, 너희들은 논쟁이 없는 경지가 평안임을 알고 결코 논쟁을 하여서는 안 되느니라.

(3) 모든 범속한 학도들이 갖는 이런 세속적인 견해에, 지혜로운 자는 가까이하지 않느니라. 그는 보

고 듣는 사물에 대하여「오직 이것만」이라고 생각하지는 않으므로 이에 매이는 일이 없나니, 그렇다면 그는 대체 어떤 데 사로잡히게 되겠느뇨?

(4) 계율을 가장 뛰어난 것이라고 우러러보는 자들은,「계율을 지킴으로써 악에서 벗어나 깨끗하게 될 수 있다.」고 주장하여, 계율을 지킬 것을 맹서하느니라. 그리하여「우리는 이 가르침을 지킬지니, 그렇게 되면 악에서 벗어나 깨끗하게 될 수 있도다.」하며, 진리에 도달하였다고 말하는 자들은, 변화하는 삶에 이끌려 있느니라.

(5) 만일 그가 계율이나 도덕을 어기면, 그는 그 때문에 두려움에 떨며,「여기에만 악에서 벗어나 깨끗하게 되는 길이 있도다.」하고 이를 간절히 바라게 되나니, 이는 대상隊商에서 떠난 상인이 대상을 찾아다니며, 집에서 나온 길손이 집을 찾는 것과 같으니라.

(6) 모든 계율이나 서약을 버리는 동시에, 세상에서 죄가 있기도 하고 혹은 죄가 없기도 한 이 행위마저 버리고,「악에서 벗어나 깨끗하다.」거나「악에 물

들어 있다.」고 하여 이를 앞세우는 일이 없이, 이런 것들에 구애되지 말며, 평안을 고집하지도 말고 세상을 살아가라.[134]

(7) 싫증나는 고행에 의하여 또는 보고, 배우고, 깊이 생각한 바에 의거하여 악에서 벗어나 깨끗하게 되었다고 찬미하는 자는, 여러 가지 삶에 대한 애착에서 떠나 있지 않느니라.

(8) 원하고 바라는 자에게는 욕심이 있으며, 계획이 있을 때에는 두려움이 따르느니라. 그러나 이 세상에서 죽음도 삶도 없는 자가 무엇이 두려우며, 무엇을 원하랴?

(9) 어떤 사람이 「가장 뛰어난 것」이라고 말하는 가르침을, 다른 사람은 「천박한 것」이라고 하며, 그들은 모두 자기야말로 진리에 도달한 자라고 하거니와, 이 중에서 어느 것이 참된 주장일 수 있겠느뇨?

(10) 그들은 저마다 자기의 가르침이 완전하고 다른 사람의 가르침을 천박하다고 하며 서로 다른 주

---

134 「우파니샤드」에서도 이와 같은 주장을 하고 있음.

장을 고집하여 논쟁함으로써, 각각 자기의 가설假說
을 진리라고 주장하느니라.

(11) 만일 남이 비난하기 때문에 천박한 주장이라
면, 여러 가지 가르침 가운데서 뛰어난 것은 하나도
없을지니, 이는 세상 사람들이 모두 자기의 주장만
을 끝까지 내세워 남의 가르침을 열등한 것이라고
주장하기 때문이니라.

(12) 그들은 자기의 도道를 찬양하는 것과 마찬가
지로, 자기의 가르침을 존중하느니라. 그렇다면 모
든 이론이 그처럼 정당함을 뜻하리니, 이는 그들의
입장에서 볼 때 각각의 의론이 모두 악에서 벗어난
깨끗한 것이기 때문이니라.

(13) 참된 바라문은 다른 데 의지하는 일이 없으
며, 또한 여러 가지 가르침에 대하여 단정을 내리고
이를 고집하는 일도 없느니라. 그러므로 여러 논쟁
을 초월하여 있나니, 이는 다른 가르침을 가장 뛰어
났다고 생각하는 일이 없기 때문이니라.

(14) 「나는 분명히 알고 있으며, 또 보고 있나니,
이것은 사실이니라.」 하는 견해에 의해 어떤 사람들

은 악에서 벗어나 깨끗한 것이 무엇인가를 이해하고
있는 것으로 생각하거니와, 그것이 그들 자신에게
무슨 소용이 있으랴. 그들은 올바른 길에서 떠나, 다
른 데 의거하여 악에서 벗어나 깨끗하게 된다고 주
장하느니라.

(15) 그가 관찰하는 대상은 명칭과 형태이며, 이
것은 영원히 변치 않는 것이며, 또한 안락하고 참된
것이라고 생각하거니와, 그러한 자가 많든 적든 그
렇게 보는 것은 무방하리라. 그러나 진리에 도달한
자들은 그렇게 해서 악에서 벗어나 깨끗해진다고 주
장하지 않느니라.

(16) 자기의 주장을 고집하는 자는, 자기가 세운
견해를 존중하고 있으므로, 이를 바로잡기란 쉬운 일
이 아니니라. 자기가 의거하는 것만을 정당하다고 보
며, 그것에 의해서만 악에서 벗어나 깨끗하게 될 수
있다고 하는 논자는, 그렇게 한쪽에 치우쳐 있도다.

(17) 참된 바라문은 올바로 보고, 허망한 생각에
서 사리를 분별하지 않으며, 견해에 휩쓸리지 않고,
지식에 의존하지 않느니라. 그는 범속한 자들이 말

하는 여러 가지 견해를 잘 알고 있으며, 남들은 이를 고집하더라도 그는 마음에 새겨두지 않느니라.

(18) 현자는 이 세상에서 여러 가지 속박을 버리고, 논쟁이 일어났을 때에도 한편에 가담하는 일이 없느니라. 그는 불안한 자들 속에서도 마음이 안정되어 태연하며, 남들은 집착하는 일이 있더라도, 그는 결코 집착하지 않느니라.

(19) 그는 과거의 때를 벗고 다시 때묻는 일이 없으며, 만사에 욕심을 내지 않고 이론을 고집하는 일이 없나니, 현자는 여러 가지 견해를 떠나, 이 세상에서 더럽혀지지 않으며, 자기를 탓하는 일[135]이 없도다.

(20) 현자는 보고, 배우고, 생각한 어떤 사물에 스스로 친하되, 적대시하지 않을뿐더러, 그는 모든 부담에서 해방되어 계획을 세우지 않으며, 쾌락에 잠기거나 이를 요구하는 일이 없느니라.

---

135 자기를 탓함 : 선행을 하지 않고 악을 저지른 것.

14. 신속迅速

(1) 「위대하신 부처님에게 속세에서 멀리 떠나 평안에 이른 경지를 알고자 하나이다. 수행승은 어떻게 세상에서 아무것도 집착하지 않고 평안을 누릴 수 있나이까?」

(2) 부처님이 대답하시되, 「《내가 있노라.》고 생각하여 널리 확대되는 의식意識¹³⁶의 근원을 억누르고, 마음속에 있는 어떠한 애착도 억제하기 위해, 언제나 명심하라.

(3) 안팎으로 참된 이치를 통찰洞察하라. 그러나 그로 말미암아 거만하게 되어서는 안 되나니, 이는 진리에 도달한 자라면, 평안平安이라고 하지 않느니

---

136 본장本章 주석註釋 **133** 참조參照.

라.

(4) 이로 인하여《자기는 뛰어났다.》고 생각하거나,《자기는 열등하다.》또는《자기는 남과 동등하다.》고 생각하여서는 안 되느니라. 여러 가지 질문을 받더라도 자기를 존대한다는 그릇된 생각을 갖지 말라.

(5) 수행자는 안으로 평안을 누리되, 밖에서 이를 구해서는 안 되느니라. 안으로 평안을 얻은 자에게는 고집하는 것이 없나니, 어찌 버릴 것이 있으랴.

(6) 큰 바다의 복판에서 파도가 일지 않고 고요한 것처럼, 그렇게 조용하고 흔들리지 말라. 수행승은 무엇에 대하여도 욕심을 일으켜서는 안 되느니라.」

(7)「부처님께서는 몸소 체험하신 법과 위난의 극복에 대하여 말씀해 주셨거니와, 원컨대 올바른 도에 대하여 가르쳐 주소서. 올바른 계율과 정신을 안정시키는 법[137]을 알고자 하나이다.」

---

137 정신을 안정시키는 법 : 삼미三昧(Samadhi) −출가미出家昧 · 독송미讀誦昧 · 좌선미坐禪昧.

(8) 「눈에 보이는 것을 탐내지 말고, 야비한 말에 귀를 기울이지 말며, 맛좋은 음식을 즐겨서는 안 될지니, 이 세상에서 무엇이든 자기 것이라고 보아, 이에 집착하는 일이 없도록 하라.

(9) 고통을 당하더라도 수행자는 결코 비관하거나 한탄해서는 안 되며, 삶을 탐내지 말고, 무서운 것[138]을 만나더라도 두려워 말라.

(10) 음식이나 의복을 얻더라도, 이를 저장하여서는 안 되며, 또한 그것을 얻을 수 없다고 해서 걱정하지 말라.

(11) 마음을 안정시키라. 방황하여서는 안 되느니라. 후회하지 말라. 게을러서는 안 되느니라. 그리하여 수행자는 한적한 곳에 기거할지니라.

(12) 잠을 많이 자지 말라. 일에 부지런하고 눈을 올바로 뜨고 있어야 하느니라. 게으름과 거짓, 담소 談笑와 유희, 이성과의 교제와 겉치레를 버리라.

(13) 나의 제자들은 「아달바·베-다」[139]의 마법魔

---

138 무서운 것 : 사자나 호랑이.
139 「아날바·베-다」 : 여러 가지 재난과 좋지 못한 일을 없

法을 신봉하거나 해몽을 하고 관상을 보며, 점성술占
星術을 숭상하지 말지며, 또한 새나 짐승의 소리로
점을 치거나 잉태법孕胎法이나 의술醫術을 시행하여
서는 안 되느니라.

(14) 수행자는 비난을 받더라도 불쾌하게 생각하
지 말고, 칭찬을 받더라도 거만을 부리지 말라. 그리
하여 탐욕과 인색과 분노와 험구를 버리라.

(15) 수행승은 매매에 종사하여서는 안 되며, 남
을 절대로 비난하지 말라. 또한 마을 사람들과 친하
지 말고, 이득을 위해 남들과 접촉하여서도 안 되느
니라.

(16) 수행승은 거만해서는 안 되며, 자신의 이득
을 위해 은근히 책동하거나, 화목을 깨뜨리는 일이
없도록 하라.

(17) 거짓말을 하지 말라. 남을 속이지 말라. 그리
고 생활이나 지혜, 계율이나 도덕에 관하여도, 자기

이 하고, 저급한 쾌락과 행복을 얻기 위한 주문呪文 등을
모은 책.

가 남보다 뛰어났다고 생각하여서는 안 되느니라.

(18) 집을 나온 수행자들이나, 말이 많은 속인들에게서 창피를 당하고, 불쾌한 말을 듣더라도, 거친 말로 대꾸하여서는 안 되나니, 이는 선량한 자들은 적대시하는 답변을 하지 않는 것이 도리이기 때문이니라.

(19) 수행자는 이러한 참된 이치를 잘 분간하고 언제나 조심하여 잘 배우라. 여러 가지 번뇌가 소멸된 상태가 평안平安임을 알고, 불타[140]의 가르침을 등한히 하여서는 안 되느니라.

(20) 그는 스스로 이기되, 남의 힘으로 이기는 일

---

140 불타 : 각자覺者라 번역하고 불佛이라 약칭略稱함. 미망 迷妄을 여의고 스스로 모든 법法의 진리를 깨닫고 또 다른 중생을 교도하여 깨닫게 하는 자각自覺 각타覺他의 이행二行을 원만히 성취한 이. 이 말을 처음 보리수 아래서 성도한 석존釋尊에 대한 칭호로 썼지만, 나중에는 과거, 현재, 미래의 모든 부처님이 있게 되고 드디어 그 수가 한량 없게 되었으며, 처음에는 역사적인 인물이던 것이 점점 이상화理想化되어 원만한 인격적 존재가 되었다.

이 없으며, 남에게서 전해 들은 것이 아니라, 스스로 입증하는 참된 이치를 깨달았나니, 저 불타의 가르침을 게을리하지 말며, 언제나 우러러 배례하고, 따르며 또 배우라.」 부처님께서는 이렇게 말씀하시더라.

15. 지팡이를 짚고

(1) 논쟁하는 자들을 보라. 저들은 지팡이를 짚고 있기 때문에 두려움을 느끼고 있도다. 내가 얼마나 그것을 혐오하여 이에서 떠났는가에 대하여 말하리라.

(2) 메마른 구덩이에서 파닥거리는 물고기처럼 떨고 있는 자들과 서로 반목하고 있는 자들을 보고 나는 두려워졌노라.

(3) 이 세상은 어디나 견실하지 못하고, 사방이 모두 흔들리고 있나니, 나는 의지할 고장을 구했으나 이미 죽음과 고뇌에 쌓여 있지 않은 곳이 없었노라.

(4) 모든 중생들은 결국에 가서 재앙을 받게 되는 것을 보고 나는 불쾌했으며, 그 중생들의 마음속에는 번뇌의 화살이 깃들어 있었노라.

(5) 그리하여 이 화살에 관통된 자는 사방을 헤매게 되거니와, 이 화살을 빼버리면, 헤매는 일이 없고 진구렁에 가라앉지도 않느니라.

(6) 세상 사람들은 여러 가지 학문을 배우거니와, 이로 말미암아 여러 가지 사슬에 매어서는 안 되느니라. 모든 욕망을 잘 살펴 자기 자신의 평안을 누리도록 하라.

(7) 성자는 성실할지니라. 거만하지 말고 남을 속이지 말며, 욕설을 하지 말고, 화를 내지 말며, 탐욕과 인색함을 초월하라.

(8) 마음의 평화를 누리는 자는 잠과 게으름과 우울을 극복하라. 부지런하고 겸손하라.

(9) 거짓말을 하지 말라. 아름다운 겉모양에 애착을 느끼지 말라. 거만한 마음을 잘 헤아려 포악暴惡에서 떠나라.

(10) 낡은 것을 즐기지 말고, 새것에 이끌리지 말라. 멸망해가는 것을 슬퍼 말고, 모든 애착에 매이지 말라.

(11) 나는 애착을 탐욕, 사나운 물결, 스며드는 허

욕이라고 부르며, 또한 술책 포획捕獲, 벗어날 수 없
는 욕구의 진구렁이라고 부르노라.

(12) 성자는 진실에서 떠나는 일이 없으며, 참된
바라문은 육지(평안)에 서 있나니, 그를 가리켜 모든
것을 버리고 평안에 돌아간 자라고 부르니라.

(13) 그는 아는 자이며, 「베-다」에 정통한 자로서
참된 이치를 다 알고 집착하는 일이 없느니라. 그는
세상에서 올바로 행동하며, 아무도 부러워하지 않느
니라.

(14) 이 세상의 모든 욕망에서 떠나고, 또한 극복
하기 어려운 집착을 벗어난 자는 사나운 물결에 휩
쓸리지 않고, 속박을 받지 않으며, 두려움을 모르고,
열렬히 사모하는 일이 없느니라.

(15) 지난날에 있었던 번뇌를 쓸어버리고, 앞날에
아무것도 기대하는 것이 없도록 하며, 현재에 아무
것도 집착執着하지 않는다면, 그대는 마음 편하게 행
동할 수 있으리라.

(16) 명칭과 형태에 대하여 자기 소유라는 생각이
전혀 없는 자와, 또한 가진 것이 없다 하여 걱정하지

않는 자는, 실로 세상에서 늙지 않느니라.

(17) 「이것은 내 것이니라.」 또는 「저것은 남의 것이니라.」 하는 생각이 없는 자는 이렇게 내 것이라는 관념이 없기 때문에, 자기에게 「없다」 하여 걱정하는 일이 없느니라.

(18) 질투하는 일이 없고, 탐내는 일이 없으며, 마음이 흔들리어 괴로워하는 일이 없나니, 그는 만물에 대하여 평등하니라. 또한 두려워하지 않는 자에 대하여 그 훌륭한 점을 말하고자 하거니와,

(19) 마음이 흔들리어 괴로워하는 일이 없고, 예지를 지닌 자는, 어떠한 작업도 하지 않나니, 그는 노작勞作에서 떠나가는 곳마다 안주하느니라.

(20) 성자는[141] 자기가 동등한 자들 속에 있다거나 열등한 자, 또는 우월한 자들 속에 있다고 생각하지 않느니라. 그는 평안에 돌아가 인색하지 않으며, 얻지도 않고 버리지도 않느니라.

---

141 성자聖者 : 현자賢者, 존자尊者라고도 번역함. 덕이 있어 존경할만한 어른이라는 뜻. 성인聖人은 불보살 또는 중생제도를 위하여 출현한 성자聖者.

16. 사-리풋타

　(1) 현자賢者 〈사-리풋타〉가 가로되, 「저는 이렇게 말씨가 아름답고, 대중의 임자이신 부처님께서 「투-시타」 하늘[142]에서 내려오신 것을 일찍이 본 일이 없고 들은 일도 없나이다.

　(2) 올바른 눈을 가지신 부처님께서는 신들과 세상 사람들이 대낮에 사물을 보는 것처럼, 일체의 암흑을 보시고는 이를 낱낱이 제거하시고, 홀로 법法의 오묘한 이치를 즐기시나이다.

　(3) 집착하는 일이 없고, 거짓을 모르는 자로서 이 세상에 태어나신 세존이시여, 사슬에 매인 자들을

---

142 투-시타(Tusita) 하늘 : 불타가 이 세상에 태어나기 이전의 세계.

위해 묻고자 여기 왔나이다.

(4) 수행자(비구)는 세상이 싫어, 사람이 없는 후미진 고장이나 나무 아래 또는 묘지를 사랑하고, 산속 동굴 안에 거주하며,

그 밖에 여러 가지 동떨어진 곳에 거처하는지라, 거기는 대단히 무서울 터이지만, 아무 소리도 들리지 않는 한적한 곳에 기거하더라도, 수행자는 이를 두려워하여서는 안될 뿐만 아니라,

(5) 아무도 가본 일이 없는 곳에 발길을 옮기는 자에게는 커다란 위태로움이 따를 터이지만, 수행자는 아무리 산간벽지에 거처하더라도 그 어려움을 극복해야 할지니,

(6) 열심히 노력하는 수행자에게는, 어떤 말이 입에서 흘러나와야 하나이까? 여기서 그는 어디까지 행동할 수 있겠나이까? 또 그가 지키는 계율이나 서약은 어떠한 것이오니까?

(7) 마음을 안정시켜 올바른 생각을 하고 있는 현자는, 어떤 가르침에 의하여 마치 쇠붙이를 다루는 자가 은덩어리의 때를 베끼듯이, 자기에게 물든 때

를 씻어버릴 수 있나이까?」

(8) 부처님이 대답하시되, 「〈사-리풋타〉여, 세상이 싫어, 사람이 없는 곳에 기거하며 도를 깨치려는 자가 즐기는 경지와, 법에 쫓아서 행동하는 데 대하여 내가 아는 바를 그대에게 말하리로다.

(9) 올바른 정신으로 분수를 지키는 현명한 수행자는 쇠파리와 모기, 파충류爬虫類와 고약한 인간, 그리고 네 발 가진 동물에 접근하는 다섯 가지 두려움에 사로잡혀서는 안 되느니라.

(10) 다른 가르침을 신봉하는 자들에게 비록 여러 가지로 사나운 점이 있다고 하더라도 이들을 두려워하지 말고, 선善을 추구하여 여러 가지 위난危難을 극복하라.

(11) 병들고 배고픈 일이 있더라도 참아야 하며, 추위와 더위도 견디어야 하느니라. 집 없는 자가 비록 이런 일이 많다고 하더라도 용기를 내어 굳세게 나갈지니라.

(12) 도적질을 하지 말고, 거짓말을 하지 말라. 약하고 강한 모든 중생에게 자비심을 갖고 대하라. 마

음이 엇갈릴 때에는 「악마의 소행」임을 알고, 이를 제거하라.

(13) 화를 내지 말라. 자랑을 하지 말라. 이것들에 지배되지 말고 그 뿌리를 뽑아 버리라. 또한 쾌·불쾌도 극복해야 하느니라.

(14) 무엇보다도 먼저 지혜를 소중히 여기고, 선을 즐기며 이에 따르는 위난을 이기라. 후미진 곳에 기거하는 불쾌함을 견디고, 다음에 말하는 네 가지 두려움을 감당하라.

(15) 즉 「나는 무엇을 먹을 것인가?」 「나는 어디서 먹을 것인가?」 「어젯밤처럼 나는 또 잠자리가 불편하지 않을까?」 「오늘 나는 어디서 잘 것인가?」 집을 버리고 도를 숭상하는 자는 이 네 가지 두려움을 억제하라.

(16) 적당한 시기에 음식과 의복을 얻어, 이 세상에서 적은 양量에 만족하여, 그 양을 줄이도록 하라. 먹고 입는 데 대하여 스스로 억제해야 하며, 겸허한 마음으로 마을을 돌아다닐지니, 비록 욕설을 듣는 일이 있더라도 난폭한 대꾸를 하여서는 안 되느니라.

(17) 눈을 아래로 돌리고,[143] 방황하는 일 없이, 생각을 바로잡아 크게 각성하라. 그리하여 마음을 가라앉히고 정신을 안정시켜 잡념과 욕망과 회한悔恨을 단절하라.

(18) 남이 충고할 때에는 반성하고 감사해야 하느니라. 수행하는 자들에 대하여 부당한 마음을 갖지 말고, 좋은 말로 대할지니, 그때 온당치 못한 말을 하여서는 안 되며, 비난할 생각을 하지 말라.

(19) 이 세상에는 다섯 가지 더러운 것[144]이 있나니, 정신을 똑똑히 차리고 있는 자는 모름지기 이를 억제하는 방도를 배우라. 즉 색깔, 음성, 맛, 향기, 그리고 촉감에 대한 욕망을 극복하라.

---

143 눈을 아래로 돌려 : 생물을 밟지 않기 위하여 언제나 조심하여 땅을 밟는 것을 뜻함.

144 다섯 가지 오물 : 후세의 일반 불교에서는 색色, 성聲, 향香, 미味, 촉觸, 법法의 여섯 가지를 말하며, 이를 육경六經이라고 부르는 것이 통례이지만 여기서는 색, 성, 향, 미, 촉의 다섯 가지만을 말하고 있다. 이것은 육경六經이전의 관념이리라.

(20) 수행승은 정신을 가다듬고 완전히 해탈하여 욕심을 억제하라. 법을 올바로 고찰하여 마음을 통일하고 암흑을 멸하라.」 부처님께서는 이렇게 말씀하시더라.

제5장

피안彼岸에 이르는 길

1. 머리말

(1) 「베-다」에 밝은 한 바라문 〈바-바린〉은 아무 것도 갖지 않은(無所有)[145] 경지에 이르려고, 「코-사라」[146] 족의 아름다운 서울에서 남쪽 나라로 왔도다.

그는 「앗사카」와 「아라카」 두 나라의 중간 지역을 흐르는 「고-다-바리-」 강가에서 이삭을 줍고 나무 열매를 먹으며 살아왔거니와,

(2) 그 강가에서 가까운 곳에 어떤 큰 마을이 있

---

145 무소유無所有 : 소지품도 도구도 갖지 않는 것. 「우파니샷드」에도, 「아-트만」을 깨달은 참된 바라문은 자손과 재물과 세상의 모든 욕망을 버리고 걸식함을 이렇게 말함.

146 「사-밧티-」를 말함.

어, 거기서 얻은 수익收益[147]으로 그는 큰 제사를 지냈니라.

(3) 제사를 마치고, 그가 자기의 암자에 돌아왔을 때, 어떤 바라문 한 사람이 찾아왔도다.

발은 부르트고, 목이 말라 헐떡일 뿐 아니라, 치아(이빨)는 더럽고 머리에는 먼지를 쓴 채, 그는 암자에 있는 〈바-바린〉에게 가까이 다가와 오백 금金을 구하매,

(4) 〈바-바린〉은 그를 보고 자리를 권하며, 그의 안부安否를 묻고 나서 이르되,

「우리가 갖고 있던 시물施物은, 내가 시여해버린지라 바라문이여, 미안하지만 내게는 오백 금이 없노라.」하니, 바라문이 가로되,

(5) 「내가 요구하는 데, 그대가 시여하지 않는다면, 앞으로 7일 후에, 그대의 머리가 깨어져 일곱 조각이 날지니라.」

---

147 거기서 얻은 수익 : 농가에서 「잇사카」왕에게 제공한 수확을 왕이 받지 않고 바라문에게 준 것을 말함.

(6) 이렇게 바라문이 저주로운 말씨로 협박하니, 그 말을 들은 〈바-바린〉은 고뇌에 빠지고,

우환의 화살에 맞아 음식도 먹지 않고, 수심에 잠겨 마음의 안정을 즐길 수 없게 된지라.

(7) 〈바-바린〉이 두려움에 사로잡히고 고뇌에 빠져 있는 것을 보고 암자를 지키는 여신이 그의 곁에 다가와 이르되,

「그는 머리가 무엇인지 모르며, 재물을 구하는 사기한詐欺漢으로 머리도, 또 머리가 떨어지는 것도 모르고 있노라.」

(8) 「그렇다면 필경 그대는 알고 있는 모양이기에 묻고자 하거니와, 머리와 또 머리가 떨어지는 것이 무엇인지 나에게 말씀해 주소서. 나는 그대의 이야기를 듣고자 하나이다.」

(9) 「나도 그것은 모르노라. 거기에 대한 지식은 나에게 없나니, 머리와 또 머리가 떨어지는 것은 여러 승리자(불타)가 보고 계시노라.」

(10) 「그렇다면 이 세상에서 머리와 또 머리가 떨어지는 것을 누가 알고 있나이까? 여신이여, 어서 나

에게 말씀해 주소서.」

(11)「카피라밧투의 서울에서 온 세계의 지도자이신 그는 감자왕甘蔗王의 후예이며, 석가족의 자손으로 세계를 빛나게 하시니,

바라문이여, 그는 실로 깨달은 자로서 만물의 극치에 도달하여, 모든 사물에 대한 신통력神通力을 갖고 있을 뿐만 아니라, 온갖 것을 소멸시키고, 번뇌를 멸하여 해탈하고 계시니라.

(12) 그는 깨달은 자이며, 거룩한 스승이요, 올바른 눈을 가진 자로서, 이 세상에서 법을 설하시니, 그대가 그에게 가서 물으면, 그는 이에 대한 답변을 하리라.」

(13) 이에 「깨달은 자」라는 말을 듣고, 〈바-바린〉은 우울하던 마음이 가셔지고 기뻐서 어쩔 줄을 모르더라.

(14) 이리하여 환희와 감동에 충만된 〈바-바린〉이 그 여신에게 가로되,

「세계의 임자는 어느 마을, 어느 거리, 어느 지방에 계시나이까? 거기 가서 나는 그 깨달은 자를 배례

하려 하나이다.」

(15) 여신이 가로되,「승리자, 지혜가 풍부한 자, 총명이 뛰어난 자, 무거운 짐을 내린 자, 때가 묻지 않은 자, 머리가 떨어지는 것을 알고 계신 자, 우왕牛王[148]과 같은 자인 석가족의 아들인 그는 코-사라족의 서울인 사-바티에 계시니라.」

(16) 이리하여 그는「베-다」에 통달한 여러 제자弟子, 바라문婆羅門들에게 가로되,

「오라, 제자들이여, 내 너희들에게 이르노니, 내 말을 들으라.

세상에 가장 희귀한 저 깨달은 자(불타)로서 이름이 높은 이가, 지금 이 세상에 나타났도다.

너희들은 급히 사-밧티에 가서, 그 가장 뛰어난 자를 찾아뵙도록 하라.」

(17)「그러면 스승이시여, 그를 뵙고 우리가 어떻게 깨달은 자임을 알 수 있는지 가르쳐 주소서.」

---

148 우왕牛王 : 부처님의 덕이 모든 사람 가운데서 가장 훌륭한 데 비유한 것.

(18) 「여러 가지 신주神呪 속에 32가지의 완전한 위인偉人의 상相이 전해져 있거니와, 이에 대하여 차례로 설명한 것을 보면, 사지四肢에 이 32가지의 완전한 위인의 상이 있는 자에게는 두 가지의 앞길이 있을 따름이며, 제3의 길은 있을 수 없나니,

(19) 만일 그가 집에 머물게 되면, 이 대지를 정복하여 형벌이나 무기 또는 법에 의하지 않고 통치하게 될 지며,

또 만일 그가 집을 버리고 나오면, 은폐된 모든 것을 열어젖히고 깨달은 자(불타)로서 존경을 받게 되느니라.

(20) 그에게서 내가 태어난 해와, 내 성과 특수한 상相, 그리고 「베-다」에 얼마나 밝으며, 제자들은 몇 명이나 되고 머리 또는 머리가 떨어지는 것이 무엇인가를 진심으로 그에게 물으라. 만일 그가 두 눈에 별로 지장이 없는 부처님이라면, 진심으로 묻는 질문에 답변하리라.」

(21) 〈바-바린〉의 말을 듣고 제자인 16인의 바라문, 즉 〈아지타〉와 〈팃사·멧테-야〉와 〈푼나카〉와

그리고 〈멧타구-〉와, 〈토-타카〉와 〈우파시-바〉와 〈난다〉, 그리고 〈헤-마카〉와 〈토-데-야〉와 〈캇파〉와의 두 사람과, 현자 〈쟈투칸닌〉과, 〈바드라-브다〉와 〈우다야〉와 〈포-사-라 · 바라문〉과 지혜로운 자 〈모-가라-쟈〉와 선인 〈핀갸〉는,

저마다 각각 여러 신도들을 거느리고, 정신을 안정시킨 자로서 온 세상에 이름을 떨치며 마음의 평화를 즐기는, 현명하고 전세前世에 숙선宿善[149]을 쌓은 자들이니라.

(22) 머리를 매고 염소 가죽을 몸에 걸친 그들은 모두가 〈바-바린〉에게 오른편으로 돌아 배례를 하고[150] 복방을 향해 출발하더라.

「무라카」의 서울 「파티타-나」에 이르러, 거기서 옛 「마-힛사티」에, 다시 「웃제-니」와 「고-낫다」, 「베-디사」를 거쳐 「바나사」라는 고장에,

그리고 「코-산비-」와, 「사-케-타」에, 다시 거기

---

149 숙선宿善 : 지난 세상에 지은 좋은 일.

150 오른편으로 돌아 배례함 : 불교에서 하는 경례의 일종.

서 「사-밧티-」에 이르더니, 이윽고 「세-다비야」에 갔다가, 다시 「카라밧투」에, 그리고 거기서 「구시나-라-」의 도읍에 이르고,

다시 향락의 도시 「파-바-」에 갔다가, 「베-사-리-」를 거쳐, 「마가다」의 서울 왕사성王舍城에 이르고 다시 거기서 화려한 석묘石廟에 도달하였느니라.

(23) 목마른 자가 냉수를 찾듯이, 또 상인이 커다란 이익을 원하는 것처럼, 뜨거운 햇볕에 괴로워하는 자가 나무 그늘을 구하는 것과 같이, 그들은 급히 부처님께서 계신 산에 올라갔도다.

(24) 부처님은 그때 여러 승려들의 존경을 받으며, 사자가 숲속에서 울부짖는 것처럼, 수행승들에게 법을 설하시더라.

(25) 빛을 다 비춰버리고 서산에 기우러진 태양같이, 또는 보름달처럼 원만한 부처님을 〈아지타〉는 보았도다.

그때 〈아지타〉는 부처님의 사지四肢에 원만한 형상이 있음을 보고, 기꺼이 한켠에 서서 진심으로 부처님에게 이르되,

(26)「저희들의 스승 〈바-바린〉이 태어난 해와 성과 형상, 그리고 얼마나 「베-다」에 통달해 있는가에 대하여 말씀해 주시고, 또한 스승 바라문은 몇 사람의 제자에게 가르침을 베풀고 계시겠나이까?」

(27) 부처님이 가라사대, 「그의 나이는 120세이고, 성은 〈바-바린〉이며, 사지에 세 가지 특상特相이 있고 삼三「베-다」[151]의 깊은 이치에 통달해 있으며,

위인의 특상特相과 전설 및 의례의 규정에 정통하며, 5백 명의 제자를 가르치고 있는데, 자신이 숭상하는 진리의 극치에 도달했도다.」

(28)「애착을 끊어버린 가장 뛰어난 자여, 〈바-바린〉이 갖고 있는 여러 가지 특상特相을 상세히 말씀하심으로써, 저로 하여금 의혹을 풀도록 해주소서.」

(29)「그는 혀로 자기의 얼굴을 가릴 수 있으며, 두 눈썹 중간에 긴 흰 털이 있고 그의 음부는 뒤집혀 있나니, 그의 세 가지 특상이 이러하니라.」

(30) 이에 질문하는 자가 아무것도 묻지 않는데

---

151 삼三「베-다」 : 주석註釋 제3장 **97** 참조參照.

도, 부처님께서 대답하시는 것을 듣고 모든 바라문들은 감격하여 합장하고 생각에 잠기더니,

「그는 어떤 자인가? 신인가? 범천梵天[152]인가? 또한 〈수쟈-〉의 남편인 제석천帝釋天인가?」 이렇게 마음속으로 생각하더라.

(31) 〈바-바린〉이 머리와, 머리가 떨어지는 데 대하여 여쭈고 나서, 「세존이시여, 그것을 말씀해 주소서. 저희들의 의혹을 풀어 주소서.」 하니,

(32) 부처님이 대답하시되, 「무명無明[153]이 머리임을 알라. 그리고 신앙과 상념想念과 정定[154]과 욕구와 노력에 결부되어 있는 명지明知가 머리를 떨어지게 하느니라.[155]」

---

152 범천梵天(Brahma-deva) : 범梵은 맑고 깨끗하다는 뜻. 이 하늘은 욕계를 여의어서 항상 깨끗하고 조용하므로 범천이라 한다.

153 주석註釋 제3장 **123** 참조參照.

154 정定 : 마음을 한곳에 머물게 하여 흩어지지 않게 하는 것.

155 밝은 지혜가 머리를 떨어지게 함 : 불교 이전에 「바라문」교에서는 분수를 넘어서 논쟁을 하는 자나, 당치 않는 일을 하는 자는 머리가 떨어지는 것으로 생각하였다.

(33) 이에 〈바-바린〉은 크게 감격하여 기뻐서 어쩔 줄을 모르며, 염소 가죽으로 만든 옷을 한쪽 어깨에 걸치고 부처님의 두 발에 엎드려 머리를 숙이고 배례하더라.

(34) 〈아지타〉가 가로되, 「세존이시여, 〈바-바린〉 바라문은 그 여러 제자들과 더불어 기꺼운 마음으로 거룩한 부처님의 발 아래 배례하나이다. 올바른 눈을 가지신 이여.」

(35) 부처님이 대답하시되, 「〈바-바린〉 바라문은 여러 제자들과 더불어 안락을 누리라. 〈아지타〉여, 그대도 또한 안락을 누리라. 그리고 오래 살지어다.

〈바-바린〉이나, 그대에게 모든 의문이 사라졌으니, 그 밖에 마음속으로 묻고 싶은 것이 있으면 물으라.」

(36) 부처님께서 이처럼 말씀하셨으므로 〈아지타〉는 합장하고 앉아서, 부처님에게 처음으로 아뢰더라.

2. 바라문 〈아지타〉의 질문

(1) 〈아지타〉가 가로되, 「세상은 무엇에 의하여 뒤덮여 있나이까? 세상은 무엇에 의하여 빛나지 못하나이까? 세상을 더럽히는 것은 무엇이며, 세상의 커다란 두려움은 무엇이오리까?」

(2) 부처님이 대답하시되, 「〈아지타〉여, 세상은 무명無明에 의하여 뒤덮여 있으며, 탐욕과 태만으로 하여 빛나지 못하느니라. 욕심이 세상을 더럽히고, 고뇌가 세상의 커다란 두려움이니라.」

(3) 〈아지타〉가 가로되, 「번뇌의 흐름은 여러 곳에 스며들거니와, 이를 저지시키는 것은 무엇이며, 그 흐름을 방지하는 것은 무엇이오이까? 그리고 그 흐름은 무엇으로 막을 수 있겠나이까?」

(4) 부처님이 대답하시되, 「〈아지타〉여, 이 세상의 모든 번뇌의 흐름을 저지시키는 것은 정신을 올바로 가지는 데 있으며, 정신을 올바로 가지는 것이 번뇌의 흐름을 방지하고, 그 흐름은 지혜에 의하여 막을 수 있느니라.」

(5) 〈아지타〉가 가로되, 「지혜와 정신을 올바로 가지는 것은 어떤 경우에 소멸되며, 명칭과 형태는 어떤 경우에 소멸되나이까?」

(6) 「〈아지타〉여, 그대가 질문한 것을 말하리라. 식별작용識別作用이 없어짐으로써 명칭과 형태가 소멸되느니라.」

(7) 「이 세상에는 진리를 탐구하여 이를 밝힌 자들도 있고, 또 이를 배우는 자들도 있으며, 그 밖에 범속한 자들도 있나이다. 묻노니, 그들의 행동에 대하여 말씀해 주소서.」

(8) 「수행승은 여러 가지 욕망을 버려야 하며, 마음이 흐려져서는 안 되느니라. 모든 사물의 진상眞相에 정통하여, 정신을 차리고 세상을 편력遍歷하라.」

3. 바라문 〈팃사·멧티-야〉의 질문

　(1) 〈팃사·멧티-야〉가 가로되, 「이 세상에서 만족하고 있는 자는 누구이오이까? 마음이 흔들리지 않는 자는 누구이오이까? 두 극단極端을 잘 알고, 골똘히 생각하여, 그 극단에도 중간에도 더럽히지 않는 자는 누구이오이까? 누구를 위인이라고 부를 수 있나이까? 이 세상에서 여자의 우환을 초월한 자는 누구이오이까?」

　(2) 부처님이 대답하시되, 「〈멧티-야〉여, 여러 가지 욕망에 관해서는 깨끗한 행실을 견지하며, 애착을 떠나 언제나 정신을 올바로 가지고, 사물에 통달하여 평안에 이른 자는 마음이 흔들리지 않느니라.

　그는 두 극단을 잘 알며, 생각을 골똘히 하여, 그

극단에도 중간에도 더럽히지 않나니, 그를 나는 위인이라고 부르노라. 또한 그는 이 세상에서 여자의 우환을 떠났느니라.」

4. 바라문 〈푼나카〉의 질문

  (1) 〈푼나카〉가 가로되, 「마음이 흔들리지 않고 모든 사물의 근원을 달관達觀하신 부처님에게 묻고자 여기 왔나이다. 선인仙人과 상인常人, 왕족과 바라문은 어찌하여 이 세상에서 널리 신들에게 희생의 제물을 드리나이까? 묻노니, 이를 저에게 말씀해 주소서.」

  (2) 부처님이 대답하시되, 「〈푼나카〉여, 무릇 선인과 상인, 왕족이나 바라문이 이 세상에서 널리 신들에게 희생의 제물을 바치는 것은, 노쇠老衰가 염려되는 나머지 현재의 이러한 생존을 희망하여 그런 제물을 바치느니라.」

  (3) 〈푼나카〉가 가로되, 「세존이시여, 이 세상에

서 널리 신들에게 희생의 제물을 바치고 제사의 도
道를 게을리하지 않은 선인과 상인, 왕족과 바라문
들은 삶과 노쇠를 초월하였나이까? 생존이시여, 묻
노니, 그것을 저에게 말씀해 주소서.」

(4) 부처님이 대답하시되, 「〈푼나카〉여, 그들은
희망하고, 찬양[156]하며, 갈구하고, 제공함으로써, 이
득을 얻어 욕망을 달성하려고 하느니라. 희생의 제
물을 드리는 일에만 힘을 기울이는 자들은, 이 세상
의 삶을 탐내나니, 그들은 삶이나 노쇠를 초월하고
있지 않느니라.」

(5) 〈푼나카〉가 가로되, 「만일 희생의 제물을 드
리는 일에만 힘을 기울이는 그들이 제사에 의해 삶
과 노쇠를 초월하지 못한다면, 세존이시여, 신들과
인간의 세상에서 삶과 노쇠를 초월한 자는 누구이오
이까?」

(6) 부처님이 대답하시되, 「〈푼나카〉여, 세상에서
모든 것을 분명히 인식하여 무엇에도 마음이 흔들리

---

156 찬양 : 제사의 과보果報, 포시布施를 받을 바라문을 찬양함.

는 일이 없고, 평안에 돌아가 악을 모르고 고뇌가 없
으며 바라는 것이 없는 자는 삶과 노쇠를 초월하였
느니라.」

5. 바라문 〈멧타구-〉의 질문

(1) 〈멧타구-〉가 가로되,「세존이시여, 묻노니 부처님께서는「베-다」에 통달하셨으며 마음을 깨끗이 닦으신 분으로 생각하거니와, 이 세상의 여러 가지 괴로움은 대체 어디서 일어나는 것이오이까?」

(2) 부처님이 대답하시되,「〈멧타구-〉여, 나는 그대에게 내가 알고 있는 바를 말하려고 하노라. 이 세상의 여러 가지 괴로움은 집착에서 일어나느니라.

진실로 사리를 잘 알지 못하여, 집착하는 자는 어리석기 짝이 없으며, 괴로움을 거듭하느니라. 그러므로 아는 바가 있고, 괴로움이 일어남을 통찰한 자는, 집착을 버려야 하느니라.」

(3)「저희가 부처님에게 여쭈어본 것에 대하여 잘

말씀해 주셨나이다. 이제 또 하나 묻고자 하오니 가르쳐 주소서. 어떻게 하면 여러 현자들은 번뇌의 흐름과, 삶과 노쇠와 우환과 슬픔에서 벗어날 수 있나이까? 부처님께서는 이에 대한 법칙을 알고 계실 터이니, 원컨대 그것을 저희들에게 말씀하여 주소서.」

(4) 부처님이 대답하시되, 「〈멧타구-〉여, 이 세상에 전해져 있지 않는 그 법칙을 내가 그대에게 말할지니, 그 법칙을 알고 애써 실천에 옮겨, 이 세상의 집착에서 벗어나라.」

(5) 「세존이시여, 저는 그 가장 뛰어난 법칙에 대한 가르침을 받을 것을 기쁘게 생각하나이다. 그 법칙을 알고 애써 실천에 옮겨, 이 세상의 집착에서 벗어나려고 하나이다.」

(6) 부처님이 대답하시되, 「〈멧타구-〉여, 상하와 좌우, 그리고 중간을 막론하고 너의 모든 희락喜樂과 집착과 식별識別을 제거하여, 변화하는 생존 속에 머물러 있지 말라.

이렇게 하여 정신을 차려서 꾸준히 노력하는 수행자는, 자기 소유라고 하여 갖고 있던 것을 버리며,

삶과 노쇠와 우환과 슬픔마저 버리고, 지혜로운 자가 되어 이 세상에서 괴로움을 벗어나게 되느니라.」

(7) 「저는 위대하신 부처님의 말씀을 듣고, 기뻐하여 마지않나이다. 세존이시여, 부처님께서는 번뇌의 우려가 없는 경지를 잘 말씀해 주셨나이다. 부처님께서는 분명히 괴로움을 버리셨나니, 이 법칙을 통달하시고도 남음이 있는 줄 알고 있나이다.

이제 부처님께서 정성껏 가르치시고 인도하신 자들은 괴로움을 버리게 되리라고 믿나니, 저는 부처님에게 가까이 다가가 배려하고자 하나이다. 생존이시여, 저도 정성껏 가르쳐주시고 인도해 주소서.」

(8) 「아무것도 갖지 않고, 허욕으로 충만된 삶에 집착하지 않는 바라문, 「베-다」에 통달하였다고 그대가 알고 있는 사람은 분명히 이 번뇌의 흐름을 건너갔느니라. 그는 피안에 도달하여, 마음에 풍파가 일지 않으며, 의혹도 모르니라. 또한 그는 이 세상에서는 지혜로운 자이며, 「베-다」에 통달하여 여러 가지 생존에 관한 집착을 버리고 애착을 떠나 고뇌를 모르며 바라는 것이 없으니, 삶과 노쇠를 초월하였느니라.」

6. 바라문 〈도-타카〉의 질문

(1) 〈도-타카〉가 가로되,「세존이시여, 묻노니 저에게 말씀해 주소서. 위대한 선인仙人이시여, 저는 좋은 말씀을 듣고자 하나이다. 그리하여 열반에 대하여 배우고자 하나이다.」

(2) 부처님이 대답하시되,「〈도-타카〉여, 끝까지 현명하고, 애써 노력하라. 내 말을 잘 듣고, 마음의 평안에 대하여 숭상하도록 하라.」

(3)「저는 신들과 인간의 세계에서 아무것도 지니지 않는 바라문을 알고 있나이다.[157] 세상을 널리 보살피시는 분이여, 저는 부처님을 배례하나이다. 저

---

157 주석註釋 : 제3장 **90** 참조參照.

로 하여금 여러 가지 의혹疑惑에서 떠나게 하소서.」

(4)「〈도-타카〉여, 나는 세상에서 의혹을 갖고 있는 자는 누구를 막론하고 해탈시킬 수 없나니, 다만 그대가 가장 뛰어난 진리[158]를 안다면, 그로 말미암아 그대는 이 번뇌의 흐름을 건너가게 되리라.」

(5)「세존이시여, 자비를 베푸시어 속세를 멀리하는 진리를 가르쳐주소서. 저는 그것을 알아야 하겠나이다. 저는 잡다한 삼라만상을 도외시하여 이 세상에서 마음을 안정시키고 집착에서 떠나려 하나이다.」

(6) 부처님이 가라사대,「〈도-타카〉여, 이 세상에 전해 내려오지 않은 이 평안에 대하여, 그대에게 말하려고 하니, 명심하여 실천에 옮기고 세상의 집착을 초월하라.」

(7)「세존이시여, 저는 그 가장 뛰어난 평안에 대한 가르침을 받을 것을 기쁘게 생각하나이다. 이를 명심하여 실천에 옮기고, 이 세상의 집착에서 벗어

---

158 가장 뛰어난 진리 : 불사不死, 열반을 말함.

나려고 하나이다.」

(8) 부처님이 대답하시되, 「〈도-타카〉여, 상하와 좌우, 그리고 중간을 막론하고 그대가 인식하고 있는 것은 무엇이든지 집착임을 알고, 생존에 대하여 애착을 갖고 있어서는 안 되느니라.」

7. 바라문 〈우파시-바〉의 질문

(1) 〈우파시-바〉가 가로되,「세존이시여, 저는 다른 데 의지하지 않고 혼자서 커다란 번뇌의 강을 건너갈 수 없나이다. 제가 이 강을 건너갈 수 있는 발판에 대하여 말씀해 주소서.」

(2) 부처님이 대답하시되,「〈우파시-바〉여, 애써 아무것도 지니지 않을 것을 원하며,《거기에는 아무것도 없다.》고 생각함으로써, 번뇌의 강을 건너가라. 여러 가지 욕망을 버리고, 모든 의혹에서 떠나 언제나 애착이 소멸됨을 똑똑히 의식하도록 하라.」

(3) 〈우파시-바〉가 가로되,「일체의 탐욕에서 떠나 아무것도 갖지 않는다는 견지에서 모든 것을 버리고 훌륭히 해탈한 자는, 태만하지 않고 거기 안주

할 수 있나이까?」

(4) 부처님이 대답하시되, 「〈우파시-바〉여, 일체의 탐욕에서 떠나, 아무것도 갖지 않는 견지에서 모든 것을 버리고 훌륭히 해탈한 자는, 뒤로 물러서는 일이 없이 거기 안주하게 되리라.」

(5) 「세상을 널리 보살피는 세존이시여, 만일 그가 거기서 뒤로 물러서지 않고 오랫동안 머문다면, 그는 해탈하여 마음이 깨끗하게 되나이까? 또 그러한 자의 식별작용은 분명히 존재하나이까?」

(6) 부처님이 대답하시되, 「〈우파시-바〉여, 마치 사나운 바람에 날려간 불길은 소멸되어 이미 불이라고 말할 수 없는 것처럼, 성자는 명칭과 육신에서 해탈하여 멸해버렸나니, 이미 생존하는 자라고 볼 수 없느니라.」

(7) 「멸해버린 그는 이미 존재하지 않나이까? 혹은 상주常住하여 무병無病하나이까? 세존이시여, 이 법을 잘 알고 계실 터이오니, 이에 대하여 저에게 말씀해 주소서.」

(8) 부처님이 대답하시되, 「〈우파시-바〉여, 멸해

버린 자에게는 이를 헤아릴 기준이 없도다. 그를 무어라고 말할 방도가 없나니, 모든 사물이 모조리 단멸되었을 때, 의론의 여지는 없는 것이니라.」

8. 바라문 〈난다〉의 질문

　(1) 〈난다〉가 가로되, 「세상에는 여러 성자가 있다고 하온데, 이는 어찌된 일이오이까? 세상 사람은 지혜를 갖춘 자를 성자라고 부르나이까? 혹은 생활을 갖춘 자를 성자라고 부르나이까?」

　(2) 부처님이 대답하시되, 「〈난다〉여, 세상의 진리에 도달한 자들은 그 견해나 학설 또는 지식에 의하여는 성자라고 하지 않느니라. 번뇌의 악마를 무찔러 고뇌가 없고, 원하는 바가 없이 행동하는 자들이야말로 성자이니라.」

　(3) 〈난다〉가 가로되, 「도를 닦는 바라문들은 그 견해나 학식에 의하여도 악에서 벗어나 깨끗하게 될 수 있으며, 계율이나 서약 그 밖의 여러 가지 방법으

로도 악에서 벗어나 깨끗하게 될 수 있다고 하나이다. 세존이시여, 그들은 그러한 견지에서 스스로 억제하며 행동하거니와 과연 삶과 노쇠를 초월할 수 있나이까? 묻노니, 이에 대하여 저에게 가르쳐 주소서.」

(4) 부처님이 대답하시되, 「〈난다〉여, 도를 닦는 바라문들은 그렇게 말하거니와, 비록 그러한 견지에서 스스로 억제하며 행동하고 있더라도, 삶과 노쇠와 죽음을 초월한 것은 아니니라.」

(5) 「도를 닦는 바라문들은 그 견해나 학식에 의하여도, 악에서 벗어나 깨끗하게 될 수 있으며, 계율이나 서약, 그 밖의 여러 가지 방법으로도 악에서 벗어나 깨끗하게 될 수 있다고 하나이다. 부처님께서는 《그들은 아직 번뇌의 강을 건너지 못하였다.》고 말씀하시니, 그렇다면 신들과 인간의 세계에서 삶과 노쇠를 초월한 자는 누구이오이까? 묻노니, 그것을 저에게 말씀해 주소서.」

(6) 부처님이 대답하시되, 「〈난다〉여, 나는 도를 닦는 바라문들이 모두가 삶과 노쇠에 뒤덮여있다고

말하는 것이 아니라. 이 세상에서 그 견해와 학문과 사색 그리고 계율과 서약은 물론, 그 밖의 여러 가지 것을 모두 버리고 애착을 분명히 통찰하여 마음에 때묻지 않은 자들을 실로 번뇌의 강을 건너간 자들 이라고 주장하노라.」

(7) 「저는 위대하신 부처님의 말씀을 듣고 기쁘게 생각하나이다. 세존이시여, 저에게 번뇌의 우려가 없는 경지에 대하여 잘 말씀해 주셨나이다. 이 세상 에서 그 견해와 학문과 사색, 그리고 계율과 서약은 물론 그 밖의 여러 가지 것을 모두 버리고, 애착을 분명히 통찰하여 마음에 때묻지 않은 자들은, 실로 《번뇌의 강을 건너간 자들》이라고 저도 생각하나이 다.」

9. 바라문 〈헤-마카〉의 질문

(1) 〈헤-마카〉가 가로되, 「일찍이 부처님보다 이전에 살고 있던 옛사람들은 《과거에는 이러했느니라.》 또는 《미래에는 이러하리라.》 하고 저에게 설명하였사오나, 이는 모두가 한낱 전해 내려오는 이야기에 지나지 않으며, 사색의 혼란을 더욱 일으키게 할 따름이니,

저는 이러한 주장을 달갑게 여기지 않았나이다. 세존이시여, 애착을 멸하는 방법을 말씀해 주소서. 이를 알고 명심하여 실천에 옮겨, 집착에서 벗어나려고 하나이다.」

(2) 부처님이 대답하시되, 「〈헤-마카〉여, 이 세상에서 보고 듣고 생각하고 식별하는 바 향기롭고도

아름다운 모든 사물에 대한 탐욕을 제거함이 영원한
열반涅槃의 경지이니라.

이를 분명히 알고, 명심하여 이 세상에서 번뇌를
떠난 자들은 언제나 평안에 돌아가 세상의 모든 애
착을 초월하고 있느니라.」

10. 바라문 〈토-데-야〉의 질문

(1) 〈토-데-야〉가 가로되, 「여러 가지 욕망이 일어나지 못하고 애착이 없으며, 온갖 의혹을 벗어난 자는 어떤 해탈을 구하면 좋겠나이까?」

(2) 부처님이 대답하시되, 「〈토-데-야〉여, 여러 가지 욕망이 일어나지 못하고 애착이 없으며, 온갖 의혹을 벗어난 자에게는, 따로 해탈함이 없느니라.」

(3) 「그는 욕심이 전혀 없나이까? 그렇지 않으면 무엇을 희망하고 있나이까? 그는 지혜가 있나이까? 또한 지혜로 행세하나이까? 세존이시여, 그가 성자임을 제가 알 수 있도록 말씀해 주소서.」

(4) 「그는 욕망이 없는 자이며, 아무것도 희망하지 않느니라. 그는 지혜 있는 자이지만, 지혜로 행세

하지 않느니라. 〈토-데-야〉여, 성자는 이러한 자임
을 알라. 그는 아무것도 갖지 않고, 삶에 얽매이지
않느니라.」

11. 바라문 〈캅파〉의 질문

(1) 〈캅파〉가 가로되, 「사나운 물결이 쏟아져 내려올 때, 연못 가운데 있는 자들이나 노쇠와 죽음에 억압되어 있는 자들을 위한 피난처는 무엇이오이까? 이러한 괴로움이 다시 일어나지 않는 피난처는 어데 있나이까?」

(2) 부처님이 대답하시되, 「〈캅파〉여, 그러한 경우의 피난처를 그대에게 말하리라.

아무런 소유도 없고, 집착하여 얻는 일이 없는 것 —이것이 다름 아닌 피난처이니라. 또한 그것을 열반涅槃이라고 부르며, 거기서는 노쇠와 죽음이 소멸되느니라.

(3) 이러한 사리를 잘 알고, 명심하여 이 세상에서

번거로움을 떠난 자들은 악마에게 정복되지 않으며,
따라서 그들은 악마의 종이 되지 않느니라.」

12. 바라문 〈쟈투칸닝〉의 질문

(1) 〈쟈투칸닝〉이 가로되, 「저는 용감한 자, 욕심이 없는 자가 있다는 말을 듣고 사나운 물결을 건너간 부처님에게 《욕심이 없는 것》에 대하여 묻고자 여기 왔나이다. 올바른 눈을 가지신 세존이시여, 평안의 경지에 대하여 있는 그대로 말씀해 주소서.

(2) 부처님께서는 여러 가지 욕망을 억제하고 행동하시나니, 이는 마치 눈부신 태양이 그 광휘光輝에 의하여 대지를 정복하는 것과 같나이다. 세존이시여, 지혜가 부족한 저에게 이 세상에서 삶과 노쇠를 버리는 법을 가르쳐 주소서.」

(3) 부처님이 대답하시되, 「〈쟈투칸닝〉이여, 속세에서 떠나는 것이 마음 편함을 알고 여러 가지 탐욕

을 억제하라. 얻어 드리거나 버려야 할 아무것도 그
대에게 있어서는 안 되느니라.

(4) 과거에 있었던 번뇌를 소멸시키고, 미래에 기
대하는 아무것도 없도록 하며, 현재에 있어서 아무
것도 집착하지 않는다면, 그대는 마음 편하게 행동
할 수 있으리라.

(5) 바라문이여, 명칭과 형태에 대한 탐욕에서 떠
난 자에게는 여러 가지 번뇌가 있을 수 없나니, 그는
죽음에 지배될 우려가 없느니라.」

13. 바라문 〈바드라-우다〉의 질문

　(1) 〈바드라-우다〉가 가로되, 「집착의 근원을 버리고 애착을 단절하여, 마음이 흔들리는 일이 없으며, 기쁨을 버리고 사나운 물결을 건너서, 이미 해탈하여 계책計策을 버린 현명하신 부처님에게 원하나이다. 용감하신 부처님의 가르침을 들으려고 여러 지방에서 모여든 이들을 위해 설법해 주소서. 부처님께서는 이 법을 잘 알고 계시오니, 부처님의 가르침을 들어야 이들은 여기서 떠나가리라고 생각되나이다.」

　(2) 부처님이 대답하시되, 「〈바드라-우다〉여, 상하와 좌우, 그리고 중간을 막론하고 집착을 모조리 버리라. 이 세상에서 조금이라도 집착하는 것이 있

으면 그로 인하여 악마가 따르게 되느니라. 그러므
로 수행자는 이 세상에서 죽음의 세계에 애착을 느
끼는 사람도 집착執着하는 자들임을 알고 무엇에도
구애되어서는 안 되느니라.」

14. 바라문 〈우다야〉의 질문

(1) 〈우다야〉가 가로되, 「이 세상의 티끌에서 떠나, 앉아서 명상에 잠기며, 해야 할 일을 다하여 번뇌의 때를 벗고, 피안에 도달하신 부처님에게 묻고자 여기 왔나이다. 무명無明을 무찌르고, 깨달음에 의하여 해탈에 이르는 길을 말씀해 주소서.」

(2) 부처님이 대답하시되, 「〈우다야〉여, 애욕과 두려움을 모두 버리고, 침울한 마음을 제거하여, 회한悔恨하는 일이 없으며,

마음의 평화를 누리고 생각하는 바가 깨끗하며, 먼저 진리에 대한 사색을 일삼는 것이, 무명을 무찌르고 깨달음에 의하여 해탈하는 길이니라.」

(3) 「세상 사람들은 무엇에 의하여 속박을 받게

되나이까? 무엇이 세상 사람들을 움직이게 하나이까? 무엇을 끊어버림으로써 열반에 이르렀다고 할 수 있나이까?」

(4) 세상 사람들은 즐거움에 의하여 속박되느니라. 사고思考가 세상 사람들을 움직이게 하며, 애착을 끊어버림으로써 평안할 수 있느니라.

(5)「정신을 올바로 가진 자의 식별작용은 어떻게 하여 종멸 되나이까? 저는 이를 알고자 여기까지 왔으니, 이에 대하여 말씀해 주소서.」

(6)「안으로나 밖으로도 감각에서 오는 것을 달갑게 여기지 않는 자의 식별작용은 종멸하기에 이르니라.」

15. 바라문 〈포-사-라〉의 질문

(1) 〈포-사-라〉가 가로되, 「과거의 일을 지적해 주시고, 마음이 흔들리지 않으며, 의혹을 끊어버리고 모든 사물의 피안에 도달하신 부처님에게 묻고자 여기 왔나이다.

물질에 대한 상념想念에서 떠나, 육신을 송두리째 버리고 안팎으로 《아무것도 존재하지 않음》을 통찰하는 자의 지혜에 대하여 묻고자 하나이다. 세존이시여, 그러한 자는 다시 어떤 길을 가야 하나이까?」

(2) 부처님이 대답하시되, 「〈포-사-라〉여, 모든 식별의 본질을 분명히 알고 있는 온전한 자는, 그가 존재하는 모습을 알고 있느니라. 즉 그는 해탈하여 이를 근거로 삼고 있느니라.

《즐거움은 속박임》을 알고, 아무것도 소유하지 않는 상태가 이루어져, 이를 정관靜觀하며 안주한 그 바라문에게는 이런 분명한 지혜가 있느니라.」

16. 바라문 〈모-가라-쟈〉의 질문

(1) 〈모-가라-쟈〉가 가로되, 「저는 일찍이 부처님을 두 번 찾아뵈었지만, 저에게 아무런 가르침도 주시지 않았나이다.

그러나 《부처님께서는 세 번째에 가서는 가르쳐 주신다.》고 듣고 있나이다. 또한 이 세상이나 저 세상, 그리고 신들과 함께 있는 범천梵天의 세계도 영예로운 부처님의 진리를 모르고 있나이다.

저는 여러 오묘한 진리를 갖고 계신 부처님을 만나려고 여기까지 찾아왔나이다. 묻노니, 사왕死王은 세상을 어떻게 관찰하는 자를, 자기 눈으로 볼 수 없나이까?」

(2) 부처님이 대답하시되, 「언제나 명심하여 자기

가 고집하려는 견해를 버리고, 세상을 비어(空)있다
고 생각하라. 그렇게 되면 죽음을 초월할 수 있느니
라. 사왕死王은 세계를 이렇게 보는 자를 자기 눈으
로 볼 수 없느니라.」

17. 바라문 〈핀갸〉의 질문

(1) 〈핀갸〉가 가로되,「저는 나이를 먹어 기억력도 없고, 안색도 쇠퇴하여 눈도 잘 보이지 않으며, 귀도 잘 들리지 않나이다. 제가 마음이 엇갈린 채로 죽는 일이 없도록 참된 이치(理法)를 가르쳐 주소서. 이 세상에서 삶과 노쇠를 버리는 데 대하여 알고자 하나이다.」

(2) 부처님이 대답하시되,「〈핀갸〉여, 물질에 형태가 있기 때문에 사람들이 해독을 입으며, 또 게으른 자들은 병에 잘 걸려 괴로움을 받게 되느니라. 〈핀갸〉여, 그러므로 그대는 애써 물질적 형태를 버리고, 다시 삶에 되돌아오는 일이 없도록 하라.」

(3)「사방 동서남북, 상하로 에워싼 이 세계에서

부처님에게 보이지 않고 들리지 않으며, 생각되지 않고 알려지지 않은 것은 없나니, 원컨대 법을 가르쳐 주소서. 이 세상에서 삶과 노쇠를 버리는 방도에 대하여 알고자 하나이다.」

(4) 부처님이 대답하시되,「〈핀갸〉여, 사람들은 애착에 빠져 괴로움을 당하며, 노쇠하게 되나니, 그대는 힘써 애착을 버리고, 다시 삶에 되돌아오는 일이 없도록 하라.」

18. 열여섯 바라문의 질문을 맺는 말

　부처님이 「마가다」나라 「파-사-나카」의 사당(廟)
에 머물러 계실 때, 위에서와 같이 말씀 하시고 〈바-
바린〉의 제자인 16명의 바라문이 질문할 때마다 분
명히 답변하시더라. 만일 이러한 질문의 하나하나에
대하여, 그 의의意義를 알고 참된 이치를 깨달아 이
에 좇아서 실천에 옮긴다면 노쇠와 죽음의 피안彼岸
에 도달하리라. 그 가르침은 피안에 이르게 하는 것
이므로, 이 법문法文은 「피안에 이르는 길」이라고 불
리우니라.

　(1) 〈아지타〉와, 〈팃사 · 멧테 -야〉와, 〈푼나카〉
와 〈멧타구-〉와 〈도-타카〉와 〈우파시-바〉와, 〈난

다〉와 그리고 〈헤-마카〉와 〈토-테-야〉와 〈캅파〉
의 두 사람과 〈쟈투칸닝〉과 〈바드라-우다〉와, 〈우
다야〉와 〈포-사-라〉 바라문과 현명한 〈모-가라-
쟈〉와 훌륭한 선인仙人인 〈핀갸〉와,

　이들은 부처님에게 가까이 다가가, 심오한 질문을
하여, 세상에서 가장 뛰어나신 부처님과 친분을 갖
게 되었도다.

　(2) 부처님께서는 그들의 질문에 따라, 분명한 답
변을 내림으로써 이들을 흡족케 하셨나니,

　(3) 그들은 이리하여 부처님의 말씀에 만족을 느
끼고, 그 뛰어난 지혜를 가지신 어른 곁에서 깨끗한
행실을 수행하더라.

　(4) 하나하나의 질문에 대하여 부처님께서 가르치
신 그대로 실천하며 최상의 길을 수행하는 자는 차
안此岸에서 피안彼岸에 이르게 되리라.

　(5) 〈핀갸〉가 〈바-바린〉에게 돌아가, 사실을 보
고하여 가로되, 「《피안에 이르는 길》을 저는 일러드
리오리다. 티 없고 예지가 풍부하신 부처님은, 몸소
통찰하신 그대로 설법하셨나이다. 욕심이 없고 번뇌

가 없는 부처님께서, 어찌 허망을 말씀하실 수 있겠나이까?

(6) 번뇌의 때(垢)와 마음의 엇갈림을 버리고, 거만과 숨김(隱蔽)을 모르시는 부처님에 대한 찬사를 상세하게 말씀드리고자 하오니,

(7) 바라문이여, 암흑을 몰아내고 깨달으신 분, 세상을 널리 보살피시는 분, 궁극에 도달하신 분, 일체의 생존生存을 초월하신 분, 때묻지 않으신 분, 모든 괴로움을 버리신 분 ─그는 실로 부처님이라고 부르기에 알맞은 분이며, 저는 그를 가까이 모셨나이다.

(8) 새가 엉성한 숲을 버리고, 과일이 많이 열린 나무에 둥지를 치는 것처럼, 저도 또한 안목이 부족한 자들을 버리고 백조白鳥처럼 대해大海에 도달하였나이다.

(9) 일찍이 부처님 이전에 살고 있던 옛사람들은 《과거에는 이러했느니라.》 또는 《미래에 이러하리라.》하고 저에게 설명하였거니와, 이는 모두가 한낱 전해 내려오는 이야기에 지나지 않으며, 사색의 혼란을 더욱 일으킬 따름인가 하나이다.

(10) 부처님께서는 번뇌의 암흑을 몰아버리시고 홀로 앉아서 눈부신 빛을 발산하고 계시나이다. 부처님은 예지가 풍부하나이다.

(11) 즉시로 효용을 볼 수 있어, 시간을 기다릴 필요가 없는 법法, 즉 번뇌를 모르는 애착의 소멸에 대하여 저에게 설법하셨나니, 그와 견줄 자는 아무 데도 없나이다.」

(12) 〈바-바린〉이 가로되, 「〈핀갸〉여, 그대는 지혜가 많고 예지가 풍부한 부처님의 곁을 잠시나마 떠나서 살 수 있겠는가?

부처님께서는 즉시로 효용이 있으며, 시간을 초월한 이법理法, 즉 번뇌를 모르는 애착의 소멸에 대하여 나에게도 설법하셨나니, 그와 견줄 자는 아무 데도 없느니라.」

(13) 〈핀갸〉가 가로되, 「바라문이여, 저는 예지가 풍부하신 부처님의 곁을 잠시도 떠나서 살 수 없나이다. 즉시로 효용이 있으며 따라서 시간을 초월한 참된 이치, 즉 번뇌를 모르는 애착의 소멸에 대하여 설법하신 부처님과 견줄 자는 아무 데도 없나이다.

(14) 바라문이여, 저는 언제나 애써 마음의 눈으로 부처님을 보고 있나이다. 또한 부처님을 배례하며 밤을 보내나이다. 그러므로 저는 그의 곁을 떠나서 살고 있는 것이 아닌 줄로 생각하나이다.

(15) 저의 신앙과 기쁨과 심정과 상념은 부처님의 가르침에서 떠나 있지 않으며, 지혜로운 부처님께서 어디로 가시든지 그쪽을 향해 배례하나이다.

(16) 저는 늙고 기력도 쇠퇴하였으므로 육신을 끌고 그리로 갈 수는 없지만, 생각은 언제나 그에게 머물러 있나이다. 바라문이여, 저의 마음은 그와 결부되어 있나이다.

(17) 저는 진구렁 속에 들어 누워 버둥거리면서 이 고을에서 저 고을로 헤매다가, 사나운 물결을 건너 때묻지 않고 도를 깨친 분을 만나게 되었나이다.」

(18) 부처님이 나타나 가라사대,「〈밧카리〉나, 〈바드라-우다〉나, 〈아-리비 · 고-타마〉가 신앙에 의하여 깨달은 바와 같이, 그대도 또한 신앙에 의하여 깨닫도록 하라. 〈핀갸〉여, 그대는 죽음의 피안에 이르

게 되리라.」

(19) 〈핀갸〉가 가로되, 「저는 부처님의 말씀을 듣
고 더욱 신앙이 두텁게 되었나이다. 깨달은 자는 번
뇌를 벗어버리고 마음에 풍파가 일지 않으며, 변설
辯舌에 능한 자로소이다.

(20) 부처님께서는 신들(諸神)을 초월하여 모든
것을 알고 계시나이다. 부처님께서는 의혹을 품고
의론을 제기하는 사람들의 질문에 분명한 해답을 내
리셨나니,

(21) 저는 흔들리지 않고 비할 바 없이 성스러운
경지에 분명히 이르게 될 줄 믿나이다. 이 점에 대하
여 저에게는 의혹이 없나니, 제가 이렇게 깨닫고 있
으며, 또한 믿고 있음을 헤아려 주소서.」

명문동양문고 ㉔

불교성전 佛敎聖典
- 부처님의 말씀 -

개정초판 1쇄 발행 2021년 5월 15일
개정초판 2쇄 발행 2021년 8월 25일

편역자   불교문화예술원·불경연구회
발행자   김동구
디자인   이명숙·양철민
발행처   명문당(1923. 10. 1 창립)
주   소   서울시 종로구 윤보선길 61(안국동)
          우체국 010579-01-000682
전   화   02)733-3039, 734-4798, 733-4748(영)
팩   스   02)734-9209
Homepage   www.myungmundang.net
E-mail   mmdbook1@hanmail.net
등   록   1977. 11. 19. 제1~148호

ISBN 979-11-90155-27-4 (03220)
15,000원